Politik als Theater
Die neue Macht der Darstellungskunst

Thomas Meyer

POLITIK ALS THEATER
Die neue Macht der Darstellungskunst

Martina Kampmann

Augenblicke
der Inszenierung
Eine fotografische Studie

AUFBAU-VERLAG

ISBN 3-351-02477-0

1. Auflage 1998

© Aufbau-Verlag GmbH, Berlin 1998

Umschlaggestaltung Ute Henkel/Torsten Lemme

Fotonachweis »Gliederpuppe« und »Pantomime Werner Müller« Martina Kampmann/

»Benito Mussolini« Alfred Eisenstaedt/»Boris Jelzin« dpa Deutsche Presse Agentur/

»Tony Blair« © Alain Buu – GAMMA, Studio X Images de Presse/»Elisabeth II.« © corel/

»Charles Chaplin in *Der große Diktator*« Ullstein Bilderdienst

Reproduktion Druckhaus Galrev, Berlin

Druck und Binden Clausen & Bosse, Leck

Printed in Germany

Inhalt

Das Theater muß nämlich durchaus etwas Überflüssiges bleiben dürfen, was freilich dann bedeutet, daß man für den Überfluß ja lebt. Weniger als alles andere brauchen Vergnügungen eine Verteidigung.

Bertolt Brecht, Kleines Organon für das Theater

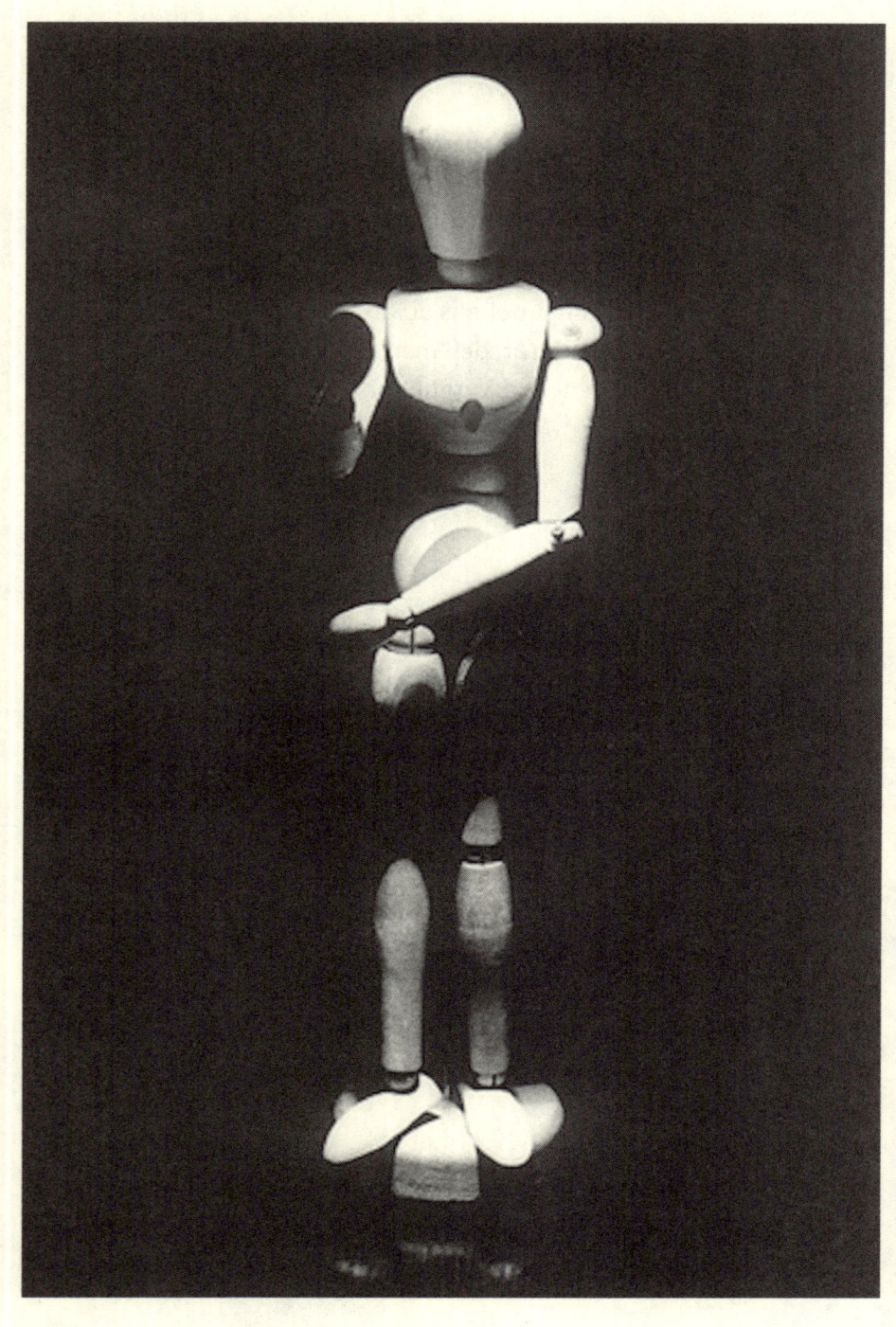

Theater, Politik, Theater …

»Theater ereignet sich, wenn es eine Person A gibt, die X verkörpert, während S zuschaut«, so lautet eine berühmte Kurzdefinition der Berliner Theaterwissenschaftlerin Erika Fischer-Lichte. »Politik in der Demokratie ereignet sich«, so Hannah Arendts oft zitierte These, »als Verständigungshandeln der betroffenen Menschen über das, was ihnen gemeinsam ist.« Politik als Theater, so könnten wir in einer ersten Interpretation zuspitzen, ereignet sich immer dann, wenn ein politischer oder Medienakteur A einem Publikum S ein X für ein U vormacht und sich dabei der Inszenierungsmittel des Theaters bedient. Dieses Theater kennzeichnet nicht das Amüsement und auch nicht die künstliche Dramatik, sondern das verschwiegene Als-ob.

Es wäre vollkommen absurd, in der Mediengesellschaft von Politik und politischer Kommunikation zu verlangen, nach dem kleinen Einmaleins der Didaktik für den politischen Unterricht zu verfahren und alles puristisch zu meiden, was an Rhetorik, Theater oder Unterhaltung erinnert. Natürlich kann es für sie allein darum gehen, politische Botschaften unterhaltsam und überraschend, kurz und pointiert, witzig, spannend, vielleicht sogar bannend und aufregend zu machen, damit sie verbreitet und gehört werden, also substantielle Informationen gut zu inszenieren. Zuspitzung verlangt nicht nur Verkürzung der Botschaften, sondern auch ihre Übersetzung in sinnlichere Sprachen. Die klassische Einheit von überzeugendem Argument, Übereinstimmung mit den Lebensweisen des Publikums und der Erregung starker Gefühle, die gute Rhetorik für *Aristoteles* ausmachte, sollte auch in der Gegenwart als Richtschnur für politische Massenkommunikation Anerkennung finden.

Jedoch können die ästhetischen Bedingungen für weite Verbreitung und gespannte Aufmerksamkeit nicht selbst die Botschaft sein, es sei denn, man ersetzte Politik durch schlechtes Theater. Theater nämlich, das in selbstverliebten Fingerübungen mit virtuosen Inszenierungsmitteln spielt und dabei die Welt aus dem Auge verliert, die es spiegeln wollte; Theater, in denen viele aus Leibeskräften inszenieren, aber kein Stück mehr erkennbar ist, das gegeben wird, Theater zudem, das sich als Wirklichkeit präsentiert, eben Theater in der Rolle von Politik, *Als-ob-Politik*. Das aber ist der Hauptbefund über den gegenwärtigen Zustand medial vermittelter Politik in unserem Lande. Theater und Politik können indessen auch ganz andere Beziehungen eingehen, bei denen beide bleiben, was sie sind, und einander bereichern.

Helden wie wir. Eine Aufführungsanalyse

Prolog

Im August 1994. Die Bundestagswahl steht bevor. Lufthansa-Flug 3369 aus Moskau wird von Staats wegen erwartet. Polizisten in Uniform, bayerische Kriminalbeamte und Geheime vom Bundesnachrichtendienst (BND) beobachten auf dem Münchener Flughafen die Landung der Maschine. Neben der Ausstiegsluke der Boeing 737, die im Modul B, Finger 109 des Franz-Josef-Strauß-Airports andockt, halten sich zwei Kriminalbeamte versteckt und mustern die Passagiere. In Gepäckhalle C bereiten sich Kollegen auf den Zugriff vor. Zielstrebig picken die Beamten einen kleinen, dunkelhaarigen Fluggast und seinen schwarzen Delsey-Hartschalenkoffer heraus. Ein zweiter Mann, der

den Kolumbianer Justiniano Torres Benitez, 38, abgeholt hat, wird gleich mitverhaftet.

Der Kofferinhalt, beschlagnahmt am 10. August 1994, wurde weltberühmt. Nach drei Tagen war die Nachrichtensperre von Journalisten geknackt worden, die Staatsanwälte und Kriminalpolizei über den Fall verhängt hatten. »Plutonium zum Verkauf« titelte die »New York Times«. »Bild am Sonntag« rechnete aus, daß das »geschmuggelte Plutonium reicht, um das Trinkwasser in ganz Deutschland zu vergiften«. Die »Neue Zürcher Zeitung« schrieb von einem apokalyptischen Alptraum. Das Menetekel Nuklearterrorismus wurde Thema auf Symposien und Kongressen rund um den Globus. Dem »SPIEGEL« waren die neuen Waffen der Erpresser eine Titelgeschichte wert. Torres und sein Kumpan, der 49jährige Spanier Julio Oroz Eguin, hatten an Urängste gerührt. Plutonium, der giftigste aller Stoffe, die menschlicher Erfindungsgeist je geschaffen hat, war auf einmal in der Alltagswelt – nicht länger abgeschottet hinter hohen Zäunen irgendwo in Laboratorien oder Reaktoren. Die spanisch sprechenden Gauner hatten den Bombenstoff aus dem zerfallenen Sowjetreich herbeigeschafft und wollten nun im Westen das große Geld verdienen. Genau dieses Szenario ängstigte die Menschen besonders in Deutschland.[1]

1. Akt

Auf der virtuellen Bühne. Staatsmänner in aller Welt äußern ihre Besorgnis über diese beispiellos große Bedrohung für Sicherheit und Gesundheit ihrer Bürger. Der FBI-Direktor Louis Freeh erklärt offiziell, diese Art von Plutonium-Schmuggel sei die größte langfristige Bedrohung für die Sicherheit der Vereinigten Staaten.

In Deutschland sind es nur noch wenige Wochen bis zur Bundestagswahl. Der amtierende Bundeskanzler und Kanzlerkandidat *Helmut Kohl* ist als guter Freund des russischen Präsidenten *Boris Jelzin* bekannt, aus dessen Reich die apokalyptische Gefahr nun droht. Er rühmte sich dieser Freundschaft, die in vielen Bildern wechselseitiger Nähe und Sympathie dokumentiert ist, einige davon sind Schlüsselbilder der offiziellen Ikonographie der Republik. Ein Image beginnt zu schillern.

Der Bundeskanzler läßt öffentlich bekanntgeben, er habe einen Brief an den russischen Präsidenten abgesandt mit der dringenden Bitte, dafür zu sorgen, »daß kein spaltbares Material in der Welt herumvagabundiert«. Die Freundschaft des Staatsmannes und seine Entschlossenheit erscheinen als Schlüsselressource zur Bannung der schrecklichen weltweiten Gefahr.

Der Bundeskanzler kündigt an, er werde unverzüglich praktische Schritte unternehmen, um die Gefahr sofort, wirksam und endgültig zu beseitigen. Zu diesem Zwecke werde der Staatsminister im Kanzleramt und Koordinator der Geheimdienste des Landes, *Bernd Schmidbauer*, ohne Zeit zu verlieren, nach Moskau reisen, um persönlich, als unmittelbar Beauftragter des Kanzlerkandidaten, die Quellen des Übels zu versiegeln.

2. Akt

Einige Zeit später. Ort: der Flughafen Köln/Bonn. Abflug einer Maschine nach Moskau. *Im Bild* der Staatsminister Bernd Schmidbauer. Drahtige, sportliche Erscheinung, ernst entschlossene Miene. Mit gesetzten Worten, die Zielklarheit, Macht, Entschiedenheit und kompromißlose Härte zum Ausdruck bringen, erklärt er den Journalisten, zum großen Publikum im Lande gewandt, er reise nun

im persönlichen Auftrag des Kanzlers nach Moskau, um an Ort und
Stelle die Verantwortlichen zu veranlassen, die Löcher zu stopfen, die
das Unheil möglich machten.

Einige Stunden danach. Nun Flughafen Moskau. Der Staatsminister, soeben der Maschine aus Köln/Bonn entstiegen, erklärt den wartenden
Journalisten, den Blick über sie hinweg auf das Publikum in Deutschland gerichtet, er sei jetzt hier, am Ort, von dem die große Gefahr für
die Bevölkerung in Deutschland ausgeht, im persönlichen Auftrag des
Bundeskanzlers eingetroffen, um dafür zu sorgen, daß diese Gefahr
im Interesse der Menschen, vor allem auch in Deutschland, unverzüglich, zuverlässig und dauerhaft beendet wird. Er werde nun unverzüglich die Verantwortlichen aufsuchen. *Bilderfolge* mit dem in einer gewichtigen Staatslimousine zum Ort der höchsten Gefahr
eilenden Heldengehilfen und seinen Begleitern.

3. Akt

Nach geraumer Zeit. Wieder am Moskauer Flughafen. Der Staatsminister
auf dem Weg zum Flugzeug, das ihn nach Köln/Bonn zurückbringt. Er
erklärt den Journalisten, als Botschaft an das Volk in Deutschland, daß
er Erfolg hatte, wenngleich die Mission nicht ganz einfach gewesen
sei. Durch seinen direkten Eingriff im Auftrag des Bundeskanzlers
hier am Ort, von dem die Gefahr bisher ausgegangen sei, habe er nun
sicherstellen können, daß sie effektiv abgestellt ist und sich in der
bisherigen Form nicht wiederholen kann. Diesbezüglich seien mit
den Verantwortlichen konkrete und bindende Vereinbarungen getroffen worden.

Einige Stunden später. Nun Flughafen Köln/Bonn. Der Staatssekretär
Schmidbauer ist soeben der Maschine aus Moskau entstiegen. Er sagt,

er ist auf dem Weg zum Bundeskanzler, um ihm zu berichten, daß er seinen Auftrag mit durchschlagendem Erfolg durchgeführt hat. Drahtige, sportliche Erscheinung, ernst entschlossene Miene. Mit gesetzten Worten, die Zielklarheit, Macht, Entschiedenheit und kompromißlose Härte zum Ausdruck bringen, erklärt er den Journalisten, zum großen Publikum im Lande gewandt, daß er Erfolg hatte, wenngleich die Mission nicht ganz einfach gewesen sei. Durch direkten Eingriff im Auftrag des Bundeskanzlers in Moskau, am Ort, von dem die Gefahr bisher ausgegangen sei, habe er sicherstellen können, daß sie effektiv abgestellt ist und sich in der bisherigen Form nicht wiederholen kann. Diesbezüglich seien mit den Verantwortlichen konkrete und bindende Vereinbarungen getroffen worden. *Bilderfolge* mit dem in einer gewichtigen Staatslimousine in Richtung Bundeskanzleramt davoneilenden Staatsminister.

Der Kanzler erklärt, daß er sehr froh darüber ist, der deutschen Öffentlichkeit jetzt mitteilen zu können, daß er durch die erfolgreiche Mission seines Staatsministers die Gefahr, die auch für das gesamte deutsche Volk durch den ersten aufgedeckten Atom-Schmuggel entstanden war, erfolgreich und dauerhaft abwenden konnte.

4. Akt

Kurzer Blick durch den leicht verrutschten Vorhang auf einen Teil der Hinterbühne: Berichte in einigen Zeitungen. Korrespondenten berichten aus Moskau, Sprecher der russischen Regierung hätten zum Besuch des Staatsministers Schmidbauer Erklärungen abgegeben. Sie hätten ihm gegenüber mit Entschiedenheit alle Beschuldigungen zurückgewiesen und ebenso den Verdacht, es habe sich um russisches Plutonium gehandelt. Sollte dennoch einmal in der Zukunft etwas Derartiges

bekannt werden, habe man vereinbart, sich so früh wie möglich gegenseitig zu informieren.

Veröffentlicht wird, sozusagen als Ergebnis der Reise, ein Memorandum. Darin steht unter anderem:

»Gemäß der Absprache zwischen dem Bundeskanzler der Bundesrepublik Deutschland und dem Präsidenten der Russischen Föderation trafen deren Beauftragte Staatsminister Schmidbauer und Direktor Stepaschin zusammen und sind wie folgt übereingekommen:

1. Beide Seiten unterstreichen die dringende Notwendigkeit, den illegalen Umgang mit radioaktivem und Nuklearmaterial ungeachtet seiner Herkunft weltweit und auf ihrem jeweiligen Staatsgebiet mit allen erforderlichen Mitteln zu unterbinden. Damit soll auch verhindert werden, daß radioaktive Stoffe – selbst in Kleinmengen – in die Hände von Terroristen und Erpressern gelangen können.«

Epilog

Bericht einer Zeitung aus Anlaß des gegen die Plutonium-Schmuggler beginnenden Prozesses: Die Geschichte um den bislang weltgrößten Plutonium-Schmuggel ist eine raffinierte Inszenierung des Bundesnachrichtendienstes, die Bomben-Geschichte ein Bomben-Schwindel, eine der abenteuerlichsten Aktionen, die der deutsche Geheimdienst in seinen 40 Dienstjahren angezettelt hat. Um in aller Welt zu zeigen, wie porös die Atom-Arsenale des ehemaligen Sowjetreiches sind, inszenierte der BND einen gewaltigen Bluff mit allen Zutaten eines Thrillers … Kaum zu glauben, daß nicht zumindest die rechte Geheimdiensthand von Helmut Kohl, Staatsminister Bernd Schmidbauer, in die Aktion eingeweiht war – und sie gebilligt hat: Der

Minister zum »SPIEGEL«: »Die operativen Details kenne ich nicht.«[2]

In dem Gerichtsverfahren wurde keine Urheberschaft des BND für die Aktion festgestellt. Die Täter erhielten hohe Strafen.

Notizen zur Aufführung

Da die Urheberschaft des BND gerichtlich nicht festgestellt wurde, könnte auch gefragt werden, inwieweit dieser Teil der Geschichte, der sie erst wahrhaft spannend und zu einer illustren Nachricht machte, seinerseits eine mediale Inszenierung eines Verdachts gewesen ist. Diese Frage ist für den politischen Teil der Inszenierung jedoch ohne Interesse.

Für das Verständnis von Politik als Theater ist der ganze Hintergrund der Geschichte und die Frage nach der eigentlichen Urheberschaft des Vorgangs ohne Belang. Entscheidend ist allein die Differenz zwischen den Vorgängen der Darstellung, Verlautbarungen des Kanzlers sowie den von ihnen ausgehenden *Bildern einer tatkräftigen Handlung seines Gehilfen* und dem wirklichen Handlungserfolg, die der Zuschauer beim späteren aufmerksamen Verfolgen der kleineren Nachrichten ermitteln kann, wenn er sich die Mühe macht.

Ob gerade diese Aufführung einen meßbaren Beitrag zum Erfolg des Kanzlers in der darauf folgenden Bundestagswahl geleistet hat oder nicht, läßt sich mit keinem Verfahren der Welt ermitteln.

Heldentypen. Kleines Bestiarium des politischen Theaters

Das Theater der Politik kennt, wie jedes Theater, nicht nur Helden und Schurken, deren Liaison mit der Gunst des Publikums und damit immer zugleich der politischen Macht von allem Anfang an klar geregelt ist, sondern ein breites Repertoire verschiedenster Heldenrollen, je nachdem, welches Stück in den Konjunkturen des politischen

Lebens gefragt ist oder vielmehr welches Stück die Impresarios und Lieblingsdarsteller in der Gunst des Publikums verankern können. Auch im Theater der Politik ist nichts von Dauer, und weniges kommt von selbst.

Da gab es in der europäischen Politik lange vor der Entdeckung des politischen Fernseh-Amerikas durch Europa den autoritären strengen *Familienvater des Staates*, der sein Volk erzog und, wo nötig, auch züchtigte, durch seine Rolle in der Welt draußen die eigene Familie nährte und schützte, aber auch belehrte, bevormundete und strafte, wenn sein Rat mißachtet wurde. *De Gaulle* und *Adenauer* haben diese Rolle, die ihnen auch als natürlichen Personen auf den Leib geschrieben war, in den typischen landsmannschaftlichen Färbungen, die ihren Heimatländern entsprachen, in den beiden Jahrzehnten nach dem Weltkrieg glorios gespielt. Das war die hausbackene Rolle des autoritären und erfolgstüchtigen Hausvaters, wie er in der autoritären bürgerlichen Familie gang und gäbe war, ins Staatsmännische überhöht, idealtypisch durchgespielt und durch große Erfolge zu Hause und in der Welt beglaubigt, an denen nicht zu rütteln war. Es war, in beiden Ländern, die Zeit vor der Hegemonie des Fernsehens, die Endzeit des bürgerlichen Autoritarismus in Familie, Gesellschaft und Staat.

Die Spielzeiten wechselten in der Mitte der sechziger Jahre, und es hatte seine tiefe symbolische Folgerichtigkeit, daß de Gaulle von der antiautoritären Studentenrevolte in Frankreich von der Bühne gejagt wurde. Die antiautoritären Zeiten, die nun begannen, durchaus über die Jahre der Revolte hinaus mit bleibenden Folgen für die politischen Kulturen in Europa, waren zugleich die Jahre, in denen das Fernsehen in Europa seinen Triumphzug zur Eroberung der Wohnzimmer und der öffentlichen Arena antrat und die Informationsgewohnheiten der Menschen grundlegend veränderte.

Eine Geschichte der öffentlichen Inszenierungszyklen und der Heldenrollen, die sich auf den elektronischen Bühnen im Wandel der Zeiten jeweils am besten behaupten konnten, wäre erst noch zu schreiben. Es kann kein Zufall gewesen sein, daß eine Persönlichkeit wie *Willy Brandt* zum Helden der Epoche wurde, nicht unangefochten und nicht für allzulange, aber doch in den entscheidenden Jahren einer Wendezeit, als in der Bundesrepublik der Autoritarismus schon lächerlich erschien, Glaubwürdigkeit und moralische Substanz fast inquisitorisch geprüft wurden und doch das Fernsehen mächtig nach den Gemütern der Menschen griff. Brandts politisch-moralische Biografie war ohne Tadel, seine Sensibilität und seine Kompetenz für die Inszenierung symbolischer Handlungen waren an der Erfolgsgeschichte *John F. Kennedys* geschult, und sein persönliches Darstellungstalent war hoch entwickelt. Alles in allem ein Heldentyp, der politische Substanz hatte und sie wie kein zweiter zu inszenieren wußte. Niemand hätte bestritten, daß er eine politische Vision besaß, und seine staatsmännische Statur hat er unter Beweis gestellt. Er war zugleich ein Darsteller von hohen Graden, der eine Rede, bis aufs i-Tüpfelchen von intelligenten Beratern formuliert, auf der öffentlichen Bühne mit einer Leidenschaft vortragen konnte, als ringe er sich im Augenblick des Vortrags jedes einzelne Komma von der Seele ab. Die Anzahl der Helden-Archetypen, die in der kollektiven Erinnerung dessen, was das Schicksal bezwingen kann, aus alten und neuen Zeiten gespeichert sind und die alten Erwartungen immer wieder aufs neue wiederbeleben, ist groß, aber nicht unbegrenzt. Ein Katalog, in dem sie verzeichnet wären, könnte aus der Geschichte der großen Rollen des Theaters sowie des Films entwickelt und mit Blick auf die großen Gestalten der Politik ergänzt werden. Der Wandel der Zeiten hinterläßt in ihm seine deutlichen Spuren.

Der Unbezwingbare, der Auserwählte, der Weise, der Gütige, der Grausame, der Tragische, der unbefleckte Frühberufene, der Fuchs, der Löwe, sie alle finden sich in wechselnder Ausprägung zu allen Zeiten.

Die technisch-wissenschaftliche Zivilisation hat auch der Rolle des guten Frankenstein, des ungerührten Technokraten Respekt verschafft, der das Notwendige erkennt und mit wissenschaftlicher Akribie eisern vollstreckt. Neu ist die Rolle des jungen Strahlemanns, der auf der elektronischen Bühne die Grenzen zwischen privat und öffentlich niederreißt und wie der beste und reinste Sproß aus Nachbars Familie und der unbesiegbare Held in den undurchschaubaren Dschungeln des öffentlichen Lebens erscheint, nah und fern zugleich, strahlend und sogar nett für uns, unbarmherzig und unbezwingbar für unsere Feinde, die Verkörperung von Glück und Erfolg zugleich, sozusagen wir selbst in unseren schönsten Tagträumen.

Überraschend können elektronische Re-Importe aus alten Zeiten und fernen Kulturen auf den Medienbühnen der postmodernen Gesellschaft plötzlich zum großen Erfolg werden. Dabei dürfen die Rollen keineswegs schlicht von Spin-doctors infam ersonnen und von Politiker-Marionetten nur arglistig heruntergespielt werden. Das ist vielmehr, wie der britische Dramatiker *Hare* in seinem Stück »Falscher Friede« kürzlich sichtbar machte, das sichere Rezept des Scheiterns. Das Wechselspiel zwischen dem, was die natürliche Person mitbringt, dem, was sie in ihrem politischen Leben an Erfolgen und Mißerfolgen erfährt, den Ideen, die sie verkörpern will oder muß, den Rollen, die in den Stücken des geltenden Spielplans noch erfolgversprechend sind, und einem guten Regisseur, der weiß, wo das Repertoire der natürlichen Person enden muß, die eine Rolle übernehmen will, ist komplex. Die wichtigste Erfolgsbedingung im öffentlichen Rollenspiel ist die Erkenntnis dieser Komplexität und die Fähigkeit, sich nicht vom Glanz der bloßen Inszenierungsmittel verführen zu lassen. *Herbert Wehner*, um ein einziges Beispiel zu nennen, hat diesen

Zusammenhang immer reflektiert und für das, was er glaubte erreichen zu können, in Rechnung gestellt; *Möllemann* hingegen, der ihn
ignorierte, stürzte bei einer großen Luftnummer in den Bühnen-
schacht, aus dem er sich, so scheint es, nicht mehr emporarbeiten
kann.

Die wirkliche Geschichte des langen Atems, den Mißerfolge, Enttäu-
schungen und hilfloses Erleiden am Ende schaffen können, wenn
einer sie in Geduld erträgt, läßt Kohl, als natürliche Person jeder Inszenierung abhold, nun auf einmal als ruhenden *Buddha* im Getöse
unserer aufgewühlten Zeit erscheinen. An ihm prallen erwiesener-
maßen alle Aufgeregtheiten des Tages ab, selbst größere Krisen ver-
wandeln sich durch seine Beharrungsmacht in das Kleinklein ewiger
Nörgelei. Ein Buddha als Verdrängungsmagier für das, was uns im
wirklichen Leben aufregt. Er zeigt uns aber auch mit einem ge-
legentlichen wütenden Durchatmen, bei dem die Nüstern beben, daß
er zum Golem werden könnte, sobald einer ihm den Respekt versagt.
Am niederen Teil der Kampagne, der Inszenierung der persönlichen
Verdächtigungen und erfundenen Fundamentalalternativen, muß er
sich nicht beflecken. Das besorgt für ihn der *Sonntagsschul-Machiavelli*
im Adenauer-Haus.

    Der Gegenkandidat, *Gerhard Schröder*, ist ein deutscher Blair, Pro-
dukt einer politischen Biografie, die eine unverhoffte, fast lineare *Erfolgsgeschichte* durch immer höhere Ämter zu wachsendem Medien-
ansehen war. Ihre Botschaft ist klar: Alles ist möglich, wenn ihr nur
wollt. Und *Schröder* will. Er verkörpert in seinem öffentlichen Image
das Bild des erfolgreichen Willens zur Erneuerung und zur Macht, der
Bezwingung *des* Alten, aber auch der leutseligen Freundlichkeit gegenüber *den* Alten, der Rücksichtslosigkeit gegen hinderliche Tradi-

tionen und der radikalen Vorurteilslosigkeit selbst gegenüber dem, was in der eigenen Mannschaft bis gestern noch galt, nun aber als überständiger Ballast erkannt worden ist. Ein Held, der auszieht, die Welt zu erobern, und der von den anderen Helden, die das Schicksal bezwingen, rasch als ihresgleichen erkannt und angenommen wird. Sein Strahlen nervt die Konkurrenten, zumal sie wissen, daß der Spielplan der letzten Saison seine Macht über die Gemüter verliert. Sie versuchen, dem Helden als natürlicher Person Verletzungen beizubringen, damit er auf der Bühne aus der Rolle fällt.

Wolfgang Schäuble hat, nach dem Attentat eines Unzurechnungsfähigen an den Rollstuhl gefesselt, auf bewundernswürdige Weise demonstriert, daß eine körperliche Behinderung kein Hindernis für politische Spitzenleistung ist. Seine alte Neigung zur scharfen, verletzenden und arroganten Sachbezogenheit wird nun, ob er will oder nicht, mythisch überhöht: Er steht für das antike Bild des blinden Sehers, der allen Nicht-Behinderten überlegen ist, weil ihn sein Körper nicht länger korrumpieren kann. Das harte und leuchtende Stahlgewitter im Saustall der korrupten Politiker. Auf dieses Image, das sich einem ungerufenen Schicksal angeheftet hat und das dem Akteur erheblich zugute kommt, setzt er im Wahljahr die *Inszenierung* obenauf, seine Botschaft besitze im Gegensatz zu den Inszenierungen der anderen Substanz.

Wir wissen aus der Medienforschung, daß auch die Schönheit des politischen Theaters im Auge des Betrachters liegt. Die gute Hälfte seiner Zuschauer sieht nur, was gebracht wird, etwa ein Drittel fragt genauer nach dem Text der Stücke, die die Helden geben, der Rest wendet sich, nicht unbedingt mit Grausen, von den öffentlichen Bühnen ab. Bei dieser Mischung kann man am Ende nie sicher sein, ob der Beifall, der erklingt, wenn der Vorhang fällt, eher dem Stück galt, das gegeben wurde, dem Spiel der Akteure oder der Rolle des Helden, bei dem für viele Darsteller und natürliche Person eins werden.

Warnung für flüchtige Leser
Inszenierungskritik als Superinszenierung

Der wegen seiner zugespitzten Theatralik zu symbolischem Ruhm gelangte Leipziger Parteitag der SPD im April des Bundestagswahljahres 1998, kurz vor der Wahl in Sachsen-Anhalt und somit Auftakt zu zwei heiß umkämpften Urnengängen der gereizten Republik, war in der Perfektion seiner Inszenierung als Gesamtkunstwerk aus Lichtern, Farben, Tönen, Gesichtern, Posen, Gesten und mythischen Szenen wie der Initiationsweihe des vielleicht kommenden Bundeskanzlers, Gerhard Schröder, durch den zur Verkörperung von Erfolg gewordenen ehemaligen, Helmut Schmidt, eine Premiere für das Land. Die Reaktionen darauf belegen die Erfindung eines weiteren Stilmittels der politischen Kommunikation: *die entrüstete Inszenierungskritik als wirkungsvolle Alternativinszenierung des unterlegenen Inszenierers.*

Ein Teil der Politiker und Medienakteure, die sich in der politischen Wirkung übertrumpft sahen, versuchten geräuschvoll und larmoyant die Inszenierung des erfolgreicheren Gegners zur Hauptnachricht über das *Event* zu machen und damit für sich selbst eine Seriositätsprämie für unterlassene Inszenierung zu reklamieren, wobei sie die eigene Abstinenz auch nur inszenierten, nachdem sie sich der Niederlage nahe sahen. Sogar altgediente mediale Impresarios des Inszenierungsgeschäfts, seine Miterfinder möchte man sagen, stellten mit den gewohnten eigenen Mitteln *die Inszenierung der anderen* an den Pranger, so als dürfe nunmehr das gewarnte Publikum getrost davon ausgehen, daß ihre Hervorbringungen nichts anderes als der natürliche Ausdruck ihres guten Willens sind.

Die »Bild«-Zeitung hatte bereits in der Überschrift des Ankündigungstextes die vermeintlich enthüllende Diagnose gestellt. Zu erwarten sei nichts als eine »Polit-Show wie in Amerika«. Ausgerechnet die SPD habe diesmal lediglich »Krönungs-Feierlichkeiten« zu bieten. Und wie der Wink des Sehers, der weiß, was das Schicksal für solchen Frevel an den guten Sitten der politischen Kommunikation vorsieht, schließt der kurze Artikel mit einem abgerückt und kursiv gesetzten Satz, der entweder als Prophezeiung oder als Aufforderung zum Handeln gelesen werden kann: *Aber ob am Ende auch gefeiert wird, darüber entscheiden die Deutschen bei der Bundestagswahl im Herbst.*

Ausgerechnet jenes Medium, das die Theatralik der Fernsehshow schon zu seiner Tugend erkoren hatte, als in Deutschland Fernsehen noch in den Kinderschuhen steckte, macht sich, wo es einmal nützt, also in politischem Interesse und nicht aus Gründen der Informationshygiene, zum Vorreiter der Inszenierungsschelte.

Bis auf wenige Ausnahmen ließ die Berichterstattung über diesen auf dem Niveau der US-amerikanischen politischen Darstellungskunst inszenierten Parteitag ein aufschlußreiches Muster erkennen. Es dürfte den Keim für das enthalten, was sich im Verlauf des Wahlkampfes bis zum September insgesamt zu entfalten droht. Während die Gegner der Urheber im Lager der Politiker, am markantesten *Wolfgang Schäuble*, und der Printmedien, zum Beispiel »Die Welt« und »FAZ«, die *Inszenierung* als eine zentrale Information im Nachrichtenteil präsentierten, wohl in der Erwartung, dies würde das Ereignis von selbst entwerten, hielten sich die politischen Sympathisanten unter den Medien wie die »Frankfurter Rundschau« im Nachrichtenteil sichtlich zurück und unterzogen erst im Meinungsteil das inkriminierte Theaterstück einer erzieherischen Kritik. »Die Welt« und die »taz« warteten mit einem Auszug aus der Regieanweisung für die Inszenierung auf, in der vom »Winken« der Helden bis zum »Abklingen der Musik« und zum »Klatschen« des Parteivolks alles penibel vorab

geregelt worden war, denn ein beflissener Tolpatsch unter den Zauberlehrlingen der neuen Inszenierungskunst hatte den Wortlaut des Hexeneinmaleins weitergereicht.

Was sich nach Leipzig unter dem Schlagwort »Mediendemokratie« als *Konfrontation der bloßen Inszenierung mit der unverstellten Wahrhaftigkeit* präsentierte, war größtenteils nichts weiter als eine *neue, zumeist recht gekonnte Drehung der Inszenierungsschraube nach oben*. Allein die Qualitätszeitungen beginnen die Inszenierung der Politik schärfer ins Auge zu fassen und deren Konsistenz ihrerseits als ein wichtiges Ereignis der politischen Welt wahrzunehmen.

Der Theaterwissenschaftler *Rüdiger Ontrup* hat dieses Geschehen auf den Punkt gebracht: »Besonders in der Berichterstattung über Parteitage neueren Stils tut sich ein sonderbarer Inszenierungsraum auf. Dutzende von Kameras verschlingen geradezu das Geschehen, das von der Partei und ihren Medienberatern vor allem für eben diese Kameras inszeniert worden ist, wobei alle, die zu Wort kommen, über die Showeffekte hinweg die Politikeffekte betonen. Journalisten berichten ›kritisch‹ über diese ›Inszenierung‹ und inszenieren damit a) die eigene Unabhängigkeit und b) die Fähigkeit, hinter die Kulissen zu blicken (wo sich natürlich nur noch eine weitere ›Bühne‹ befindet). Und manchmal treten sogar ›Medienkritiker‹ auf, die höchst medienwirksam den Zeigefinger heben, um vor den Gefahren für die Demokratie zu warnen, und sich dabei die alte Theaterregel zu eigen machen, daß man am schnellsten auf denjenigen hereinfällt, der vor Manipulatoren und Dunkelmännern warnt. Alle diese demonstrativ betonten Differenzen stellen sicher, daß das Medium selbst als die Kommunikationsumwelt nicht beobachtet zu wer-

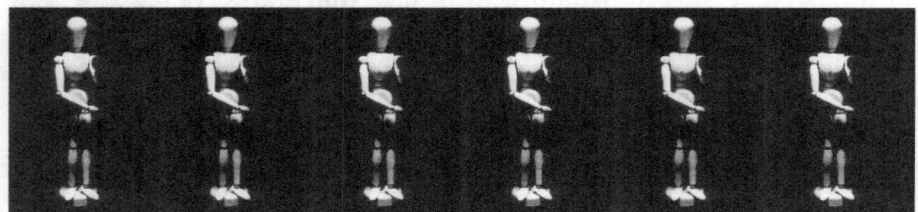

den braucht, auf dessen Grundlage sie sich überhaupt erst herausbildet.«[3]

Die Inszenierungskritik wird mit dieser Drehung zur Spielmarke
der inszenierten politischen Kontroverse zwischen den gegnerischen
Lagern, und zwar nicht nur auf seiten der verfeindeten politischen
Akteure, sondern – und das ist das Neue – auch auf seiten der *Medien,
die den ganzen Inszenierungsdruck ja erst erzeugen.* Die führenden Qualitätsmedien der Bundesrepublik haben zu Beginn des Wahljahres
1998 den Nachrichtenwert des Themas *Mediendemokratie* entdeckt,
weil sie sicher sein können, daß die medialen Über-Inszenierungen
der Politik neuen Höhe- und Tiefpunkten zustreben und dadurch
beim anspruchsvolleren Publikum ein wachsender *Inszenierungsverdruß*
erzeugt wird und selbst anspruchslosere Adressaten die Unangemes-
senheit der großen Show angesichts der sozialen und wirtschaftlichen
Misere registrieren.

Intelligente Politikdarstellung ist in der Mediengesellschaft von
der Politik stets nach Medienkriterien kalkuliert worden. Und sie ist
auf seiten der Medien immer eine Aufmerksamkeit heischende Konstruktion. Davon leben beide. Die Trivialität dieser Einsicht steht
nicht zur Debatte. Nicht jedes Konstrukt aber ist Theater, und ge-
lungenes Theater ist alles andere als bloß trügerischer Schein. Darum
gehören in der *Mediendemokratie* Darstellung und Kritik theatralischer
Politikinszenierungen der konkurrierenden Medien wie der politischen Akteure zur Pflicht aller Medien, die ihrer Verantwortung entsprechen oder wenigstens auf der Höhe der Zeit bleiben wollen.

Diese Berichtspflicht verlangt, die Unterschiede zwischen dem
Stück und seiner Aufführung, guter Unterhaltung und gewollter

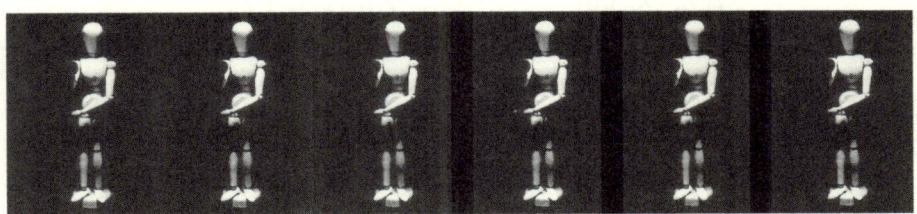

Täuschung, dem integrativen Ritual und der bloßen Blendung zu markieren und nicht an den ausgewählten Stellen des politischen Lebens zu verwischen, wo es den eigenen politischen Absichten oder der Demonstration der eigenen professionellen Unabhängigkeit zu dienen scheint.

In diesem überspannten Wahljahr droht die Gefahr, daß die zunächst wie ein Strohfeuer vom unterlegenen Teil der Politik und vom gekränkten oder verärgerten Teil der Medien entfachte politische Inszenierungskritik, die nachhaltig auf einer Einheit von Stück und Inszenierung besteht und sie auf Dauer vielleicht auch fördern kann, ganz schnell und für lange wieder ausgeblendet wird, weil sie mit denselben Mitteln und aus denselben Absichten erfolgt wie die listig bloßgestellte Inszenierung der für dieses eine Mal erfolgreicheren Regie, die von den Kontrahenten im Grunde ja bloß beneidet wird.

Seit dem Leipziger Parteitag der SPD zeichnet sich eine große Koalition ab aus Laiendarstellern und Regisseuren im Lager der Politik, die spüren, daß ihre Aufführungserfolge aus der vergangenen Spielzeit beim Publikum keinen Anklang mehr finden können, da das Erfolgsstück und die Publikumslieblinge gewechselt haben, und über Nacht zu Inszenierungskritikern bekehrten Medienakteuren, die fürchten, daß ihnen die Inszenierungshoheit entzogen wird, wenn ihnen aus den Garküchen der politischen Öffentlichkeitsarbeit medial vollendete Inszenierungen herausgereicht werden. Sie wollen nicht zu Kellnern degradiert werden, die dem Publikum nur noch auftischen dürfen, was andere angerichtet und wofür sie selbst keinen Beifall zu erwarten haben. Ihnen ist nicht an einem Trinkgeld gelegen, sondern daran, daß sie beim Publikum ihre Würde als Gastgeber nicht verlieren.

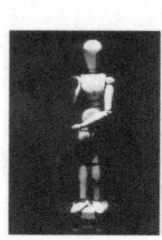 Darum verlegen sie sich auf das Entblößen der Inszenierung, sobald sie fürchten müssen, in den Augen des Publikums zu Handlangern zu werden, die an den Regiefäden anderer hängen. Solches moralisches Desaster wäre auch

ökonomisch ruinös. Das Ergebnis ist eine handfeste Beziehungskrise zwischen Politik und Medien.

Wolfgang Schäuble hatte die neue Lage gleich nach dem »Schröder-Schock für die Union« schonungslos analysiert und erfolgversprechende Anweisungen für eine alternative Regie entworfen: »Die SPD wird mit Herrn Schröder … eine Konzeption mit Symbolen und Bildern fahren, eine Art Medieninszenierung, die modern wirkt, ohne konkret zu werden, die nicht anstößt oder möglichst wenig anstößt. Man wird versuchen, ziemlich klar den Eindruck zu erwecken, man ginge zur Mitte hin. Viele behaupten ja, das sei die moderne Form von erfolgreichen Wahlkämpfen, und beziehen sich auf angelsächsische Vorbilder. Wir regieren seit 16 Jahren und können in einem solchen Wettbewerb nicht gewinnen. … Wir können ja nicht sagen, jetzt haben wir das ganz Neue. … Der Anspruch der Union auf Regierungsverantwortung muß in erster Linie (in der Botschaft – *Red.*) bestehen: Wir haben die besseren Konzepte für die Zukunft. Wenn wir uns auf den Wettbewerb zu Schröders Bedingungen einlassen, das ist meine Überzeugung, wird es sehr schwer werden.«[4]

Wäre auf diese Deklaration die Botschaft gefolgt, konkret, angemessen, berechenbar und hoffnungsvoll, hätte sie alle, die ihr Heil allein in der Steigerung der Inszenierungsdosis suchen, zur Mäßigung zwingen können. Sie wäre eine glaubwürdige und vielleicht auch wirkungsvolle Kritik des Theaters der Politik gewesen. Da aber alle Akteure in der gleichen medialen Kommunikationsumwelt agieren und wissen, worauf die Wirkung ihrer Bühnen beruht, kommt statt der Botschaft doch wieder bloß der *theatralische Gestus der Botschaft*, die medienwirksame Behauptung der Substanz, und die Erfolgsinszenierung

  der anderen wird beim Publikum angeschwärzt: So, als wollte einer noch rasch die Spielregeln wechseln, wenn er nach der halben Partie spürt, daß er sie verliert.

In der schwülen Atmosphäre dieses Wahljahres schießen einige tropische

Gewächse empor, in denen wenig Holz ist. Die große Koalition der scheinbaren Inszenierungsverächter ist drauf und dran, teils durch Mißbrauch, teils durch Inkonsequenz die Inszenierungskritik zu einer neuen Stufe der Inszenierung zu degradieren und damit als Mittel der Aufklärung zu unterlaufen.

Ein puristischer *Pan-Verdacht*, der alles, was sich im Bereich von Politik und Kommunikation ereignen könnte, über den gleichen Leisten schlägt, alles kulturkritisch ins Schubfach Inszenierung einsortiert und damit disqualifiziert, untergräbt fortwährend das Fundament, auf dem er steht. Selbst wenn in strenger Analyse alles, was an die Medienbühne adressiert ist, in einem allgemeinen Sinn Inszenierung genannt zu werden verdient, bleiben genaue Unterscheidungen dringend geboten: ob ein Stück in Szene gesetzt wird, das eine eigene Substanz hat, oder ob bloß die Inszenierungsmittel als Feuerwerk gezündet werden, das im Augenblick der Aufführung durch die Rasanz seiner Farben, Figuren, Geräusche und Bewegungen beeindruckt, ohne irgendeine Spur zu hinterlassen.

Es kann im gegenwärtigen Stadium, in dem die Inszenierungsschraube immer weiter angezogen wird, nicht um eine kurzatmige Inszenierungsschelte gehen, die ihre eigenen Voraussetzungen verschweigt. An der Zeit ist statt dessen eine Darstellung und Kritik von Politik als Theater, die die gesamte Kommunikationsumwelt in den Blick nimmt. Dann besteht auch Hoffnung auf allmähliche Wiederannäherung an die *Einheit von Argument, Unterhaltung und Haltung*, die uns an die politische Substanz der alten Rhetorik erinnert und damit den Medien und der Politik gleichermaßen gerecht wird.

Wir alle spielen Theater

In Wahlkämpfen zeigen sich Eigenarten der Politik oft wie im Brennglas, weil die Prämie der Macht, um die sich alles dreht, ganz unmittelbar auf dem Spiele steht, während sie in den Normalperioden des politischen Lebens zwar auch von allen Akteuren jederzeit sorgsam im Auge behalten, aber doch nicht mit der gleichen List, Anstrengung, Finanzinvestition und Energie erjagt werden muß, da noch viele Runden im Schlagabtausch offen sind. Das ist nicht nur an den lange vorbedachten Auftritten der Helden, den frohen Botschaften und ängstigenden Schuldzuweisungen, den geprobten Selbstdarstellungen und getesteten Bildern abzulesen, sondern mehr noch daran, wie das alles den Akteuren in Fleisch und Blut übergeht und beim Publikum nur selten Erstaunen auslöst.

Öffentlichkeit ist das vernünftige Abwägen alternativer Vorstellungen vom Gemeinwohl. Dieser Anspruch, der doch der Idee der Demokratie unverjährbar innewohnt, erscheint wie ein Märchen aus längst vergangener Zeit, bei dessen ersten Worten schon die Erwachsenen sich wissend, wenn auch ein wenig wehmütig in die Augen schauen.

Wir werden mit Bildern abgespeist, *Image-Bildern* verkörperter Eigenschaften von Helden, *Sinn-Bildern* symbolträchtiger Episoden, geprobten *Kurz-Fabeln* erfolgsträchtigen Handelns sowie viel, viel Requisiten und Kulissen. Der Text aber ist abgemagert zum Skelett. Und wenn der Vorhang fällt im September, wird nicht die Bühne weggeräumt, das wissen wir, sondern nur das Stück gewechselt. Das Spiel geht weiter, denn es ist zur zweiten Natur geworden. Oder dürfen wir auf bessere Stücke hoffen? Und hinter den Kulissen?

Februar 1998, ein gewöhnlicher Tag im niedersächsischen Wahlkampf. *Christian Wulff, CDU-Spitzenkandidat, grüßt in der Wilhelmshavener Nordseepassage die Rentner, steckt kleinen Mädchen Autogramme zu und läßt sich zum Kauf von 100 Gramm Tee verleiten. Doch dann gerät der routinierte Auftritt im Einkaufszentrum ins Stocken. Wulff soll auf einer Rolltreppe abwärts fahren – und weigert sich. »Den Kommentar unter so einem Bild kann ich mir denken«, sagt er und läuft mit seinem Troß einen langen Umweg zu einem Seitenflügel, um dort von den Kameras unbeobachtet die Rolltreppe nach unten zu gleiten.*

März 1998, der ehemalige Erfolgsschauspieler und Publikumsliebling *Karlheinz Böhm* beantwortet die Frage, welcher Zusammenhang zwischen seiner gegenwärtigen Arbeit als medienwirksamer Entwicklungshelfer und seiner früheren Karriere als Filmstar bestehe: *Ich tue nichts anderes als alle Schauspieler der Welt: Ich will die Herzen der Menschen erreichen.*

Doch nicht nur die anderen, *Wir alle spielen Theater*. Das ist der Titel des modernen Klassikers der Soziologie von Irving Goffman. Wir spielen Theater, so die Pointe dieser höchst einflußreichen Gesellschaftsdeutung, nicht nur gelegentlich, wenn Verstellung einmal not tut, sondern immerzu, wenn wir mit anderen in Beziehung treten. Wir sind sozusagen konstitutionelle Schauspieler. Nicht alle gleich gute, schon gar nicht gleich amüsante, aber eben doch in einem ernsthaften Sinne wesensmäßige Schauspieler. Wir können das, was wir sein müssen, nie aus bloßem Trieb sein. Alles, was wir für die Gesellschaft verkörpern, ist ein Produkt aus deren Erwartungen an uns und unserer Kunst darzustellen, daß wir ihre Erwartungen erfüllen oder gar überbieten. Der Mensch ist darum nach einem philosophischen Bonmot Helmut Plessners das von Natur aus künstliche Wesen.[5]

Trotz dieser Zwitterexistenz sind wir jedoch, wie jeder von uns insgeheim genau weiß, auf ganz widerspruchsvolle Weise auf Eindeutigkeit erpicht. Während wir wissen oder zumindest wissen könnten, daß wir selbst den anderen nur Künstlichkeit zu bieten haben, lassen wir ihnen, wenn sie unsere Anerkennung finden wollen, unerbittlich nichts anderes durchgehen als die lautere Natürlichkeit oder vielmehr das, was uns so scheint. Menschliche Natürlichkeit ist durch und durch künstlich, vielleicht sogar dort am meisten, wo sie ganz überzeugt. Aber jede Spur von sichtbarer Künstlichkeit, die doch das Natürlichste an uns ist, nährt den vernichtenden Verdacht des Betrugs an unserem Anspruch als Mensch. Wir fühlen uns als Opfer eines Kalküls, planmäßig hintergangen zu werden, während wir selbst unentwegt in der Rolle als Darsteller in eigener Sache den anderen zumuten, was wir nicht leiden mögen. Für Goffman *sind* wir unvermeidlich keine anderen als jene, die wir in unserem Rollenspiel dargestellt haben, erst der Schein des Theaterspielens im Alltagsleben schafft unser soziales Sein, wenn wir uns im nachhinein darauf beziehen.

Es gibt in der Sozialwissenschaft und in der Umgangssprache eine Verwendung des Wortes *Theater*, die fast nichts von dem, was Menschen tun oder lassen könnten, entschieden ausschließt, wenn es nur richtig beleuchtet wird. In diesem Sinne ist nicht nur die Politik von jeher ganz und gar Theater, sondern auch alles übrige, was in der Menschenwelt vorkommen kann. Theater wird zum Allerweltsbegriff, der alles auf ungefähre Art etikettiert, aber das, was nur er bezeichnen könnte, nicht mehr zu fassen vermag.

Drei Verwendungsweisen des Begriffs sind vorab zu unterscheiden, wenn eine Untersuchung von Politik als Theater in der Mediengesellschaft ihr Fundament nicht im Ungefähren errichten will.

Der *metaphysische* Theaterbegriff kommt ins Spiel, wenn vom »Welttheater« die Rede ist. Er mißt alles, was Menschen in ihrem Erdenleben versuchen können, an einer göttlichen Vorstellung vom absoluten Sein, mit dem verglichen es nichts als Selbsttäuschung, eitles Sinnen und Streben sein kann. Die Welt ist ihm, wie der Barock es sah, als solche eine Bühne, auf der wir alle zu Lebzeiten unsere mißlungenen Stücke abliefern, bis der Tod uns dann zur eigentlichen Wahrheit beruft. Erst am Ende unseres Lebens gelangen wir aus dem Schein zum Sein. Dieser Theaterbegriff gibt für die Gegenwartsanalyse nichts her, denn Nicht-Theater ist für ihn nur das ens realissimum, das absolute Sein.

Der *metaphorische* Theaterbegriff ist in der Umgangssprache beinahe allgegenwärtig: *Hat der vielleicht wieder ein Theater gemacht.* Er steht für

alle Arten von Übertreibung und darstellungsorientiertem Verhalten
in der alltäglichen Lebenswelt. Wir wissen stets, was das Wort bedeutet, auch wenn nur wenige wissen, was Theater ist. Dieser Begriff
taugt gut zur Alltagsverständigung und ist für sie unverzichtbar. Auch
er bezeichnet einen Teil dessen, wozu Politik in der Mediengesellschaft geworden ist, aber nicht das Wesentliche.

Der *ästhetische* Theaterbegriff soll zunächst präzise erfassen, was auf
der Bühne des Kunsttheaters im Unterschied zu anderen Manifestationen der Kunst wie der Lebenswelt geschieht, um beim Publikum
spezifische Wirkungen zu erzielen: unter anderem vorbedachte Inszenierung, Verkörperung des Bezeichneten, Handlung als ob, die
gleichzeitige Anwendung aller menschenbezogenen Zeichensysteme
und das gegenwärtige Spiel für die Zuschauer.

Aus Gründen, die in diesem Buch im einzelnen untersucht werden,
erlangt der engere Begriff *theatraler Präsentationslogik* sowohl für die
Herstellung der Politik in der politischen Sphäre wie für ihre Darstellung in den Massenmedien in neuartiger und weitreichender
Weise Bedeutung. Politik als Theater ist nämlich nicht das, was sie zu
sein vorgibt: Praxis des Politischen; aber sie ist auch nicht Theater,
denn zum Theater gehört wesentlich das Bekenntnis zum Spiel. Was
also ist sie?

Etwa eine neue, unserer Zeit gemäße Form von Politik für die mediale Massendemokratie oder die Ablenkung von ihr? Eine dem erreichten Niveau der Kommunikationsverhältnisse entsprechende
postmoderne Form der Synthese von medialem Spiel und politischem
Ernst oder bloß das Ersetzen des einen durch das andere? Das sind
Fragen, um die es im Interesse von Bürgermündigkeit und Demokratie gehen muß.

Die *nichtmetaphysische* und *nicht nur metaphorische* Verwendungsweise
des Theaterbegriffs macht einen Versuch über Politik als Theater im
Zeitalter von Clinton und Blair nicht nur lohnend, sondern nötig,
wenn wir Politik verstehen wollen, obgleich auch die metaphorische
Theatralität durch die medialen Verstärkersysteme viele neue Blüten

treibt. Politik erzeugt zunehmend mit den Mitteln des Theaters dessen Wirkungen, indem sie die Spuren beider in ihrem Handeln verwischt. Das unterscheidet sie kategorial vom Theater. Vom Theater-Spielen des Alltags aber ist sie Welten entfernt, denn ihre Akteure handeln in unserem Namen, und dem Ergebnis ihres Tuns können wir uns auch dann nicht entziehen, wenn ihr Spiel sie disqualifiziert hat. Darum ist Politik als Theater ein gravierendes Politikum.

Künstlich ist Politik von jeher im gleichen Maße wie menschliches Handeln überhaupt. Daran ist nichts Bemerkenswertes und schon gar nichts Skandalöses. *Künstlerisch* ist sie außer in den raren Glücksfällen großer Rhetorik so gut wie nie, und das muß sie auch nicht sein. *Kunstvoll* wird sie indessen in der Mediengesellschaft in einem neuartigen Sinne. Sie konstruiert technologisch versiert nicht nur ihre Medienbotschaften, sondern einen wachsenden Anteil ihres Handelns nach Maßgabe der wissenschaftlich und kommerziell ausgetesteten Gesetze ihrer Maximalwirkung auf unsere Aufmerksamkeit und Gefühlswelt. Die Demokratie lebt jedoch nicht von solcher *Kalkulation, sondern von Verständigung* – darin besteht das Problem.

Ob die skizzierten Konstruktionsregeln mit den Regeln politischer Information und Argumentation prinzipiell auf Kriegsfuß oder nur in einem spannungsreichen Konkurrenzverhältnis stehen, ist im Gegensatz zum apodiktischen Urteil der *Postmanschen* Kulturkritik nicht a priori zu beantworten. Das vorliegende Buch geht dieser Schlüsselfrage für Aufklärung im Zeitalter der Massenmedien auf verschiedenen Wegen nach. Zunächst gilt es aber zu beschreiben und zu verstehen, was sich vollzieht.

Politisches Theater spielt auf drei vielfältig miteinander verbundenen Bühnen. Auf jeder herrschen eigene Regeln, auch wenn die

Unterschiede manchmal nicht mehr dem Auge, sondern nur noch der Reflexion kenntlich sind. Es gibt die *Bühne des Alltagstheaters*, das die Politiker in ihren Geschäften untereinander und füreinander spielen, so wie es in der Lebenswelt und den anderen Berufswelten sonst geschieht. Dabei handelt es sich, auch wenn einzelne Akteure wie etwa Norbert Blüm in den achtziger Jahren, Herbert Wehner in den siebzigern oder Adenauer in den fünfzigern gelegentlich zu großer Kunstform aufliefen, im ganzen gesehen um Theater im metaphorischen Sinne. Die Akteure führen füreinander nicht dieselben Stücke auf wie für ihr Publikum, weil sie alle das Handwerk kennen und die Tricks durchschauen. Auf der Jahrestagung des Verbandes der Zauberer wird nicht gezaubert.

Das *Theater der Politik im engeren Sinne* einer »Darstellungsaktivität, die ... mit dem tätigen Körper und/oder seinen mediatisierten Bildern«[6] bei einem Publikum kalkulierte politische Wirkungen erstrebt, spielt auf zwei anderen Bühnen, die sich zwar zum Verwechseln ähneln, aber getrennte Welten sind:

auf der *Bühne der öffentlichen Inszenierung von Politikern* für ein Publikum im Zusammenspiel mit den Aufführungsgelegenheiten, die ihnen die Massenmedien bieten, und

auf der *Bühne der Inszenierung der Politik in den Darstellungen des Politischen durch die Massenmedien.*

Vom Publikum, das die Darstellung der Politik nur auf der Medienbühne erlebt, werden die Unterschiede oft übersehen, weil beide Bühnen denselben Inszenierungsgesetzen gehorchen und sich ineinander vielfältig spiegeln.

Die Medien, auf deren Bühnen sich am Ende entscheidet, was auf dem Spielplan steht und welche Inszenierung den Beifall des Publikums finden wird, müssen den Stoff ihrer Stücke in der politischen Welt und Beifall für deren Aufführung bei ihrem Publikum finden. Sie haben stets vier Optionen, wenn sie den Gesetzen ihrer Vorab-Inszenierung gerecht werden und sich dennoch auf die politische Welt beziehen wollen: Sie können das Inszenierungsangebot der Politik ignorieren, weiterreichen, neu synthetisieren oder dekonstruieren.

Das Theater der Politik erweist sich darum schon beim ersten Blick hinter die Kulissen als ein kleiner Kosmos aus lauter Rekursionsschleifen. Viele inszenieren mit, die einen direkt, durch das, was sie tun, und andere indirekt, durch das, was sie goutieren. Sie alle aber arbeiten aus Leibeskräften dem Auge zu, auch da, wo sie Texte schreiben. Politische Kommunikation in der Fernsehgesellschaft ist eine Seh-Welt, sie produziert fortwährend kalkulierte Bilder, um das Auge für ihre Botschaften in Dienst zu nehmen. Theater ist ja mehr als alles andere eine Darbietung der sichtbaren Körper für ein schauendes Publikum.

Rückkehr ins Seh-Reich. Visuelle Kultur

Das europäische Mittelalter war für das große Publikum eine Seh-Welt. Während es die lateinischen Texte der vorgeschriebenen Liturgie nicht verstand, denen es an den Sonn- und Feiertagen ausgesetzt war, erinnerten es die Bildgeschichten an den Türen der Kirchen und in deren bunten Fenstern an die großen Gestalten, die Fabeln und die Botschaften, von denen die Erlösung zu erhoffen war. Das Handeln der politisch herrschenden Mächte blieb für das Volk undurchschaubar und unbeeinflußbar, doch es wurde zum Zuschauer der vielen Bühnen bestellt, auf denen sich die Macht, die seiner Legitimation nicht bedurfte, aber seinen Gehorsam brauchte, in außeralltäglichem Glanz zur Schau stellte und schon damit dem Auge bewies, daß sie ihr Recht nicht dieser Welt verdankte. Die Höfe, die Fassaden und das Ausmaß der Bauwerke, die Kostüme, die kostbaren Materialien und die ehrfurchtgebietende Menge Edler, die den Edelsten zu Diensten waren, demonstrierten den überirdischen Ursprung dieser Herrschaft.

Nicht erst Aufklärung, bürgerliche Revolution und das Postulat der Volkssouveränität im 18. Jahrhundert, schon die Erfindung der Buchdruckerkunst und die Reformation im 16. Jahrhundert haben die

revolutionäre Transformation der visuellen in eine Kultur des geschriebenen Wortes bewirkt, die nun ihrerseits seit der Mitte unseres
Jahrhunderts in Auflösung begriffen ist. Die *Revisualisierung der Kultur*,
zumal der politischen Öffentlichkeit, leistet der augenfälligen Theatralisierung der Kommunikationsbeziehungen Vorschub, die nach und
nach in allen sozialen Handlungsfeldern Einzug hält.[7]

Luther hatte das Ende der visuellen Kultur des metaphysischen
Zeitalters mit dem fundamentalistischen Diktum besiegelt: »Und ist
Christi Reich ein Hör-Reich, nicht ein Seh-Reich«. Ein gewagter Satz
für alle, die wußten, daß Gottes Reich, das am Ende der irdischen
Tage auf die Auserwählten wartet, als höchstes und dauerhaftes Glück
nichts anderes zu verheißen hat als die *visio beatifica*, die immer-
während beseligende Schau des Unendlichen.

Der ungarische Künstler, Intellektuelle und Filmwissenschaftler
Béla Balázs hat unter dem Eindruck des unaufhaltsamen Universalis-
mus zeitgenössischer Kultur und der Massenwirkung des Films schon
in den zwanziger Jahren die Revisualisierung der Kultur als modernes
Erlösungssubstitut verkündet und begründet. In ihm fand der Film
als Sendbote der visuellen Kultur der Moderne seinen ersten großen
Theoretiker und den ersten visionären Deuter von Visualität als Wahrheit, obwohl im Detail und im Effekt vieles anders gekommen ist, als
er es beschwor. Er proklamierte, im Zeitalter der bewegten Bilder
ohne die falschen Vermittlungen durch die Sprache mit ihren hart-
gesottenen Konventionen und ideologischen Mustern und ohne Um-
wege über Texte, die letztlich doch nicht allen zugänglich sind, sei
eine neue Kommunikationskultur angebrochen, die wirklich alle, auch
die Unterschichten, direkt erreichen könne, keine Grenzen mehr
kenne und der ideologischen Verblendung ein Ende setzen würde.

»Die Erfindung der Buchdruckerkunst hat mit der Zeit das Gesicht
der Menschen unleserlich gemacht. Sie haben so viel vom Papier lesen können, daß sie die andere Mitteilungsform vernachlässigen
konnten. Victor Hugo schreibt irgendwo, das gedruckte Buch habe
die Rolle der mittelalterlichen Kathedrale übernommen und wurde

zum Träger des Volksgeistes. Doch die tausend Bücher haben den einen Geist der Kathedrale zu tausend Meinungen zerrissen. Das Wort hat den Stein (die eine Kirche zu tausend Büchern) zerbrochen. So wurde aus dem *sichtbaren Geist* ein lesbarer Geist und aus der *visuellen Kultur* eine begriffliche. ... Nun ist eine andere Maschine an der Arbeit, der Kultur eine neue Wendung zum Visuellen und dem Menschen ein neues Gesicht zu geben. Sie heißt Kinematograph. Sie ist eine Technik zur Vervielfältigung und Verbreitung geistiger Produktion, genau wie die Buchpresse, und ihre Wirkung auf die menschliche Kultur wird nicht geringer sein.«[8]

Das Fernsehen hat in unseren Tagen auf seine eigene Weise das Werk vollendet, das der Film begann. Der Gedanke einer Rückkehr zu einer visuell bestimmten Kommunikationskultur korrespondierte bei *Balázs* mit der überschwenglichen politischen Hoffnung, eine visuelle Kultur nach der Art des Stummfilms – einfach, mimisch eindringlich, persuasiv und unterhaltsam – werde der marxistischen Erlösungsbotschaft Plausibilität verleihen und die Gesellschaft der neuen Zeit werde eine neue Kultur hervorbringen, die erstmals in der Menschheitsgeschichte überall auf der Welt zum Besitz der ganzen Gesellschaft würde.

Die reale Anschauung, der diese visionäre Prognose entsprang, waren die Massenerfolge des Kinos der frühen Jahre. »Viele Millionen Menschen sitzen allabendlich da und erleben durch ihre Augen menschliche Schicksale, Charaktere, Gefühle und Stimmungen jeder Art, ohne der Worte zu bedürfen.« »Kultur bedeutet die Durchgeistigung der alltäglichen Lebensmaterie, und visuelle Kultur müßte den Menschen in ihrem gewöhnlichen

Verkehr miteinander andere und neue Ausdrucksformen geben … das
wird der Film schaffen.«[9]

Eine andere Erwägung entsprang dem Willen zu einem kulturellen
Neubeginn von Grund auf, der in den Jahren nach dem Ersten Weltkrieg auf vielen Feldern am Werke und entschlossen war, mit fast
allem aufzuräumen, was Kultur bis dahin hervorgebracht hatte. Es
liegt nahe, daß der enge Freund und intellektuelle Weggefährte von
Georg Lukács und Sympathisant der damals prominenten Lebens-
philosophie eine Einschätzung teilte, die erst später auf einen poin-
tierten Begriff gebracht worden ist. Die Einschätzung nämlich, daß
sich die Mythen, Herrschaftsmuster, Ideologien und all die anderen
Entfremdungen vom wirklichen Leben in die Labyrinthe der Sprache
so tief eingegraben haben, daß nur die große Tat einer Befreiung von
der Sprachlichkeit die Befreiung zum eigentlichen Leben erlaubt.
Der sichtbare Mensch ist der wahre Mensch.

Balázs stellt Sprache unter einen Generalverdacht, der in seiner
Radikalität nicht mehr zu überbieten ist. Dieser wirkt zugleich als
Blankoscheck für die süchtigen Triumphzüge des Bildes. »Das Wort
scheint den Menschen vergewaltigt zu haben. Prokrustes-Begriffe
warfen vieles über Bord, was uns heute schon abgeht … Die Kultur
der Worte ist eine entmaterialisierte, abstrakte, verintellektualisierte
Kultur, die den menschlichen Körper zu einem bloßen biologischen
Organismus degradiert hat. Aber die neue Gebärdensprache, die da
kommt, entspringt unserer schmerzlichen Sehnsucht, mit unserem
ganzen Körper, vom Scheitel bis zur Sohle wir selbst, Mensch sein zu
können (nicht nur in unseren Worten) …«[10] Die visuelle Kommunikation der sich gebärdenden Körper sei mithin nicht nur das Medium
unentfremdeter Selbsterfahrung des einzelnen, sondern vollendete
menschliche *Kommunikation*: »die visuelle Korrespondenz der unmittelbar verkörperten Seele«[11].

Das war, vielleicht wider Willen, die Einladung an das Theater, die
Regie über die soziale Kommunikation im ganzen zu übernehmen.
Die Mimik der großen Stummfilme, die Balázs vor Augen hatte, war

ja eher ein Produkt des Willens der Regie und der Verkörperungs-fähigkeit der von ihr erwählten Mimen als der unverstellte Ausdruck reiner Seelen. Diese Einladung hat, wie wir wissen, massenhaft Zu-spruch gefunden, weniger durch die Entschlüsse der Handelnden als durch den Sog der visuellen Medien, die ihr Nachdruck verliehen und Wirkung verschafften.

Drei Gründe nannte der Pionier der Filmtheorie, als er das Medium vor dem Forum der etablierten Künste und Kunsttheorien adeln wollte, für seine Vision, die neue *visuelle Kultur* werde einen bahnbre-chenden Fortschritt für die Menschheit bringen. Der eine wirkt eher kurios: »Überhaupt scheint die Kultur den Weg vom abstrakten Geist zum sichtbaren Körper zu gehen. Sieht man denn nicht den Bewe-gungen, den feinen Händen eines Menschen den Geist seiner Ahnen an? Gedanken der Väter werden zur Empfänglichkeit der Nerven, zu Geschmack und Instinkt bei den Kindern.«[12] Der zweite Grund re-sultiert aus einer kulturanthropologischen Einschätzung von Ur-sprung, Rolle und Wirkung der Sprache. »Die menschliche Kultur wäre ohne Sprache denkbar.« Die Gebärdensprache habe »ältere und tiefere Wurzeln in der menschlichen Natur … als die gesprochene Sprache«[13], und durch deren Gebrauch gehe unvermeidlich vieles vom ursprünglichen Reichtum des Menschen verloren, meinte Balázs im Lichte der hautnahen Bilder, die der Film möglich gemacht hat. Als dritten Grund dafür, daß die neue visuelle Kultur uns eine »Erlösung von dem babelschen Fluch« verspreche, gab er an: »… auf der Lein-wand der Kinos aller Länder entwickelt sich jetzt *die erste internationale Sprache*: die der Mienen und Gebärden.«[14]

Balázs hat seine Vision einer revisualisierten Kultur in den An-fangsjahren des Stummfilms und unter dem überwältigenden Ein-druck artistischer Heroen wie Asta Nielsen entwickelt. Als sich die neue Dimension des Tonfilms zu entfalten begann, widerrief er den Entwurf nicht, sondern akzentu-ierte ihn 1930 im Essay »Geist des Films« neu.

Die Vision einer *Kultur der Visualität* ist im Begriff,

sich in unserer Gesellschaft unter dem Einfluß von Fernsehen und Werbekommunikation zu erfüllen. Unsere Kultur ist auf dem Weg zu einer visuellen Kultur in genau dem Sinne, den Balázs im Auge hatte, und sie ist es genau infolge des Mechanismus, den er beschrieben hat. Äußerlich betrachtet, stellt die neue Kultur alles in den Schatten, was der Begründer der Filmtheorie für möglich hielt, die geistigen Wirkungen und die Hoffnungen aber, die er mit seiner Vision verband, realisieren sich nicht.

Wir erleben eine *Ästhetisierung der sozialen Welt* als *Dominanz des Visuellen* gegenüber dem gesprochenen und geschriebenen Wort.[15] Sie vollzieht sich in vier Dimensionen, deren jede die Voraussetzungen für die anderen schafft und erhält: in der *Lebenswelt*, der *Politik*, den individuellen *Lebensstilen* und der *sozialen Gliederung*.[16]

Die *Lebenswelten* der Gegenwart sind »*ästhetisch*« verfaßt.[17] Das heißt nicht, daß in ihnen die Kunst und das Künstlerische Fuß fassen und das Kunst-Schöne zum beherrschenden Gesetz würde. *Wolfgang Welsch* hat den prosaischen Sachverhalt in seinem Buch »Ästhetisches Denken« wie folgt beschrieben: »Zunehmend entstehen Lebensformen, die durch Wahrnehmungen konstruiert sind und auf Erweiterung der Wahrnehmungsfähigkeit und -relevanz zielen.« Ästhetik steht hier nicht für Kunst oder Theorie der Kunst, sondern wie im ursprünglichen klassischen Gebrauch des Wortes für Bedeutungszuwachs und die Thematisierung von »Wahrnehmungen aller Art«. Im Zentrum dieser Prozesse steht der Bedeutungszuwachs der »Bildlichkeit dieser medialen Welt«.[18] Die neue Dimension der *visuellen Versinnlichung* von *Kommunikationsformen*, *Lebensweisen*, *Identifikationsmustern* und *Sozialbeziehungen*, die sich auf eine bislang kaum durchschaute, unbändige Weise vollzieht, eröffnet Chancen für eine umfassendere Welt- und Selbsterfahrung, schafft aber auch beispiellose Risiken der Blendung,

 des Distanzverlustes und der Unmündigkeit durch den Einsatz kalkulierter Bildwirkung.

Die visuellen Medien sind in die Lebenswelt eingedrungen und geben ihr von innen her Gestalt.

Dieser Befund stützt sich auf zwei Voraussetzungen: das Fernsehen ist zur alles prägenden Kulturmetapher geworden und als Medium nach dem Urteil McLuhans selber schon die Botschaft.[19] Es wirkt nicht nur als Medium *in der sozialen Welt*, sondern nimmt den Rang eines *Zweckes in der Lebenswelt* ein. Eine bestimmte Form der Visualisierung von Informationen, Deutungen, Botschaften, Normen, Elementen von Weltbildern, Images, Vorbildern und was sonst noch in diesen Bildproduktionen stecken mag, wird in einer endlosen Rekursionsschleife zum prägenden Element der Erfahrung der sozialen Welt wie der Gestaltung der Lebenswelt und der medialen Abbilder beider. Mit anderen Worten: *Visualität wird zum Charakter der sozialen Welt und zum beherrschenden Medium ihrer Deutung.* Die Sinnlichkeit der produzierten Bildeindrücke beansprucht in der sozialen Welt den Rang ihres Sinnes. Sie ist Form und Inhalt zugleich. *Jean Baudrillard* hat dieses Phänomen am radikalsten definiert: »Prozession der Simulakra«[20].

Von eminenter Bedeutung für die *politische* Kultur ist, daß rationale Verständigung und kritischer Diskurs aus dem Kernbereich der sozialen Welterfahrung und vor allem von den Medienbühnen der Öffentlichkeit verdrängt werden.[21] Die stupende Wahrnehmung vornehmlich des Auges, die eindrücklich, unterhaltsam und zugleich anspruchslos ist und sozusagen direkt unter die Haut geht, wird zum bevorzugten Paradigma von Erlebnissen, Erlebnisfähigkeit und der Produktion von Kommunikationsangeboten, weil sie die Aufmerksamkeit am raschesten zu gewinnen und am sichersten zu bannen vermag und ihre Botschaften am nachhaltigsten im Gedächtnis haften.

Denken läßt sich per Bildschirm schwer vermitteln. Der Eindruck zählt, nicht das Argument, das Bild und nicht die Rede, das Ereignis, die Bewegung und nicht der Gedanke. Das ist auch das Geheimnis der dargestellten Dialoge in den Talk-Shows. Gegebenenfalls ist die spektakuläre Präsentation von Nachdenklichkeit wir-kungsvoller als eine Redeweise, in der sie sich verkörpern könnte. Erörterungen, Differenzierungen und Begründungen langweilen, erscheinen als vage und problematisch. Sie lenken ab, verderben das Geschäft, denn sie verleiten die Zuschauer zum Umschalten, und das drückt die Werbepreise. Es gilt, jederzeit sekundenschnell und im raschen Wechsel starke Eindrücke zu wecken, notfalls auch mit dem Anspruch des Diskurses wie beim *Heißen Stuhl*. Am Ende gibt immer die »Logik« der Bilder den Ausschlag für Arrangement und Wirkung.

Die »Logik« der Seheindrücke erzeugt eine amüsante, erregende oder auch schockierende, jedenfalls stets unterhaltsame, sinnliche Bruchstückwelt, die den Zusammenhang, in dem sie jeweils präsentiert wird, nicht dem Vorbild verdankt, als dessen Abbild sie auftritt, und erst recht nicht den Gesetzen der Aufklärung, sondern einzig dem Willen der Regie zur Steigerung der Aufmerksamkeit durch fesselnde Bilder.

Solche Vorherrschaft des Bildes hat nachhaltige Folgen für die Kultur insgesamt und speziell für die politische Kultur: Die »Logik« der *Bildunterhaltung* dominiert über die Sprache und dialogische Verständigung. Noch problematischer wirkt sich aus, daß die *Urheberschaft* willentlich produzierter Weltbilder nicht mehr kenntlich ist. Die Regisseure und die Darsteller der ikonischen Zeichenwelten verschwinden auf den elektronischen Bühnen hinter ihren Bildern in viel radikalerer Weise, als je ein Autor hinter seinem Text oder ein Sprecher hinter seinen Äußerungen verschwinden könnte.[22] In ihrem Zusammenwirken konstituieren beide Aspekte die spezifische »*Logik« des Scheins. In der Logik des visuellen Scheins werden Aufmerksamkeit und Wahrheit, Attraktion und Legitimation schon durch die unwillkürliche Art der Bildwirkung eins.*[23]

Die Welt der Bilder ist die der ikonischen Zeichen. Sie besitzen im Unterschied zu den *symbolischen* Zeichen, aus denen die gesprochene und geschriebene Sprache besteht, die Qualität des Bezeichneten an sich. Sie sind dem, wofür sie stehen, unmittelbar ähnlich und darum für je-den verständlich, während die sprachlichen Symbole nur durch Vereinbarung bedeuten können, was sie besagen sollen.[24] Fotografien und mehr noch die bewegten Bilder des Kinos und des Fernsehens sind im höchsten Maße ikonisch. Sie vermitteln stets den Eindruck der Spiegelung unmittelbarer Realität, weil sie dieselben Wahrnehmungs- und Erkennungscodes aktivieren wie die ihnen entsprechenden Objekte in der Außenwelt. Das Auge läßt sich beide Male spontan von der unvermittelten Wahrheit des Gesehenen überzeugen. Ob Bilder digitalisierbar sind, ob sie auf dieselbe oder auf eine andere Art gespeichert werden wie die nichtikonischen Zeichen und ob die Wahrnehmungs- und Erkennungscodes, die sie auslösen, nur kulturelle Konventionen sind oder nicht, sind klassische Streitfragen der Semiotik.[25] *Ganz gleich, wie diese Fragen empirisch entschieden werden:* Der *entscheidende Qualitätsunterschied in der Wirkungsweise ikonischer und symbolischer Zeichensequenzen –* grob gesagt der Unterschied zwischen Bildern und Sprache *– ergibt sich daraus, daß Ikonen unsere Erkennungs- und Wahrnehmungscodes in der gleichen Weise wie Realitätswahrnehmungen aktivieren, obwohl sie veränderliche Kulturprodukte sind.*

Der Kommunikationswissenschaftler *Hans Mathias Kepplinger* nennt die eigentümliche Fähigkeit der Bilder, die Potentiale distanzierter und kritischer Wahrnehmung zu unterlaufen, treffend den *»essentialistischen Trugschluß«.*[26] Denn obgleich die ikonischen ebenso wie die sprachlichen Zeichensequenzen zwangsläufig *Diskurse,* besondere *Behauptungen* über die natürliche, gesellschaftliche und innere Welt der Menschen sind, weil jedes Foto und selbst der getreulichste Dokumentarfilm aus der Wahrnehmungs- und Meinungsperspektive einzelner hergestellt ist, nehmen wir sie spontan nicht wie an uns adressierte Aussagen auf, sondern wie Spiegelungen der objektiven Wirklichkeit.

Die Folge ist ein weitreichender Verlust der Distanz zwischen den in diesem Medium angebotenen Weltdeutungen und den Adressaten. Er wird entscheidend forciert durch das Medium Fernsehen. Es liegt den Menschen in ihrer intimen Lebenswelt auf der Haut, ist »taktil«, wie zum Anfassen.[27] Seine Bilder – so nahe und so lebendig wie das Geschehen am häuslichen Tisch – lassen nicht mehr erkennen, daß sie stets absichtsvoll inszenierte Kunstprodukte sind. Im Gegensatz zur visuellen *Kunst*, die gerade auf ihre Distanz zur objektiven Welt achtet und die eingefahrenen Sehweisen mit ihrer eigenen Bildsprache durchbricht.

Auf dem Bildschirm wirken die elektronischen Bühnen nicht mehr als Bühnen, sondern als veritable Akteure der Lebenswelt, als wirklichste Wirklichkeit. Wie jener versierte Internetnutzer, den die Harvard-Medienphilosophin Sherry Turkle zum Zeugen anruft, können heute viele Dauernutzer des Fernsehens sagen: *RL (real Life, das wirkliche Leben) ist für mich nur eines der Fenster zur Welt und bestimmt nicht das beste.* Bilder und damit die Revisualisierung der Gegenwartskultur sind freilich keineswegs als solche problematisch, sie werden es allein durch die ihnen von den elektronischen Bühnen aufgebürdete Rolle ursprünglicher Zeugenschaft, die sie in Wahrheit niemals einlösen können.

Diese Form einer *Revisualisierung unserer Kultur* verändert unsere Kommunikationsfähigkeit, indem sie in Bildform präsentierte Behauptungen über die Welt und wie sie sein soll durch die *naturalistische Suggestion* der Bildwirkungen immunisiert und gleichzeitig die Kultur des Diskurses auf den öffentlichen Bühnen schmälert.[28]

Der Wunsch, die eigene Persönlichkeit in alltagsästhetischen Symbolen und Zeichen für alle sichtbar zum Ausdruck zu bringen, und die Übernahme von Symbolen und visuellen Signaturen, die an Waren, Verhaltensritualen, Videoclips, Werbebotschaften, Filmhelden wahrgenommen werden, von der Frisur über die Brille, die Kleidung, Gebrauchsgegenstände, Bewegung, Gestik, Mimik und Bewegungsweise, die Proxemik, die bevorzugten Aufenthaltsorte und lebensweltlichen Kulissen und Requisiten, die sozial präsentierten Tätigkeiten bis hin zu Tonfall und Rhythmus der Sprache, gewinnen in der revisualisierten Alltagskultur für viele identitätsbildende Kraft; zumal Jugendliche wählen die äußeren Bilder als Vorbilder eines Lebensentwurfs. Da sich moderne Gesellschaften in verschiedene *soziale Milieus* auffächern, werden vom Marketing mehr und mehr divergente »Lebensphilosophien« in das ausgestellte Design der Requisiten des Alltagslebens demonstrativ hineingelegt.

Diese Entwicklung hat soziale und kulturelle Ursachen, die nicht im Visualisierungsdruck selber liegen, sondern ihm nur das Feld bereiten. Selbst Angehörige der Unterschichten besitzen Spielräume für die Orientierung des eigenen Lebensentwurfs an den Leitbildern und Bildwelten der Werbung und der elektronischen Medien. Die traditionsbestimmten Zwänge klassenspezifischer Lebensführung, denen sich anpassen mußte, wer nicht sozial ausgesondert werden wollte, lösen sich auf. Der einzelne kann und muß heute zwischen einer Fülle möglicher Entwürfe seiner Lebensweise wählen, zwischen visualisierten Orientierungen, die sich augenfällig und verführerisch in den Lebensstilen anderer, in den Werbewelten, Soap-operas, Kultfilmen und Videoclips der Musikszene anbieten. Im Wettbewerb mit solchen erlebnisorientierten Vorbildern, die sich in Alltag und Medien gleichermaßen als visuell strukturierte Zeichenwelten zeigen und massiv aufgedrängt werden, geraten die Angebote der religiösen und ethischen Lebensphilosophien ins Hintertreffen. An ihre Stelle treten für die einen die Angebote aus dem Supermarkt des synthetischen Lebenssinns, Heilsversprechungen, Sekten und Okkultismen, und für viele andere die *visuellen Symbolwelten* erlebnisorientierter und sinnüberhöhender Lebensstile, die man durch Selbstinszenierung sichtbar verkörpern kann. Das Spiel mit den Bildern und Verkörperungen wird zur Grunddimension sozialer Kommunikation. Vielfach werden nur in den Medien präsentierte Bilder imitiert, die ihrerseits den Anspruch erheben, Abbilder der sozialen Welt zu sein.

Wird der Lebensstil zum Lebensinhalt, gewinnt die *ikonische Selbstinszenierung* die Bedeutung einer Alltagsroutine. Der persönliche alltagsästhetische Stil, Produkt einer Wahl und nicht von Umständen, kann für den einzelnen zum symbolischen Korsett werden, das die Suchbewegungen seines Ichs zusammenhält. Der sinnliche Schein wird zum »Wesen«, Selbstinszenierung zur alltäglichen

Kulturtechnik. Die Gefahr, daß wir selbst und unser Leben von Bildern beherrscht werden, die wir ihrerseits weder beherrschen noch durchschauen, ist nicht gering. Sie ist um so größer, als die Suggestivkraft der Bilder auf sinnlichen Wegen wirkt, die ebenso schwer zu durchschauen wie bewußt zu handhaben sind.

Die Zuordnung zum eigenen sozialen Milieu und die Distanzierung gegenüber den anderen laufen über die Wahrnehmung von visuellen und schon durch flüchtige Eindrücke erlebbaren alltagsästhetischen Signalen, die jeder Mensch fortwährend unwillkürlich aussendet durch sein Handeln oder Nichthandeln, dadurch, wie er sich gibt, wie er sich kleidet, bewegt, verhält, redet und auf die Situationen reagiert, in denen er sich von Fall zu Fall befindet.

Der Soziologe *Gerhard Schulze* spricht von drei zwangsläufig stets geöffneten Fenstern, die allen Beobachtern Einblick in jede Person verschaffen: »Erstens Körpersprache (Gestik, Mimik, Bewegungsabläufe, Erregung, Schwitzen, Atmung, Stimme u. a.), zweitens alltagsästhetische Episoden (das Aufeinanderfolgen manifester Wahlen von Situationen, Personen, Erlebnisangeboten, denen Beobachter einen subjektiven Sinn unterstellen können), schließlich drittens gefühlsorientierte Selbstbeschreibungen, freilich oft getrübt durch Rationalisierungen, Beschönigungen, Verschleierungsversuche oder auch nur sprachliche Unfähigkeit.«[29]

Die jederzeit wahrzunehmenden alltagsästhetischen Muster und Entgegensetzungen strukturieren gesellschaftliche Beziehungs- und Handlungsfelder und bilden das System einer *visuell strukturierten Sozialästhetik*.

Die neuen Formen *sozialästhetischer Identifikation und Entfremdung* steuern im Alltag wirkungsvoll das Wahl- und Vermeidungshandeln, Sympathie- und Antipathiebeziehungen des einzelnen sowie die von  ihm und seinem Milieu gesuchten oder gemiedenen Kommunikationsformen. Eine visuelle Semiotik der Identifizierung und Differenzierung sozialer Kollektive anhand ihrer optischen Inszenierungsmerkmale überlagert und relativiert in zunehmendem Maße die traditionellen sozialökonomischen Differenzierungen der Gesellschaft.

Die Ästhetisierung der politischen Öffentlichkeit ist ein Reflex auf die *Vorab-Inszenierung* der elektronischen Medienbühnen wie auf die Visualisierung der gesellschaftlichen Urteilskraft im ganzen. Politische Kommunikation hat sich unter der Vorherrschaft des Fernsehens die *Visualisierung der Kommunikations-und Erlebnisformen* rasch und gründlich zunutze gemacht. Politik präsentiert sich in der Mediengesellschaft immer mehr und immer gekonnter als eine *Abfolge von Bildern und kameragerechten Scheinereignissen*, in denen Gesten und Symbole, Episoden und Szenen, Images und Kulissen, kurz Bildbotschaften aller Art zur Kernstruktur werden, von Werbe- und Kommunikationsexperten erdacht und von den Akteuren nachgestellt, damit die maximale Medienwirkung garantiert sei.

Es entsteht eine medial inszenierte Schaupolitik, wobei das Publikum auf Anhieb nicht mehr erkennen kann, ob sie das politisch Hergestellte werbekundig darstellt oder nur noch die Darstellung als Herstellung ausgibt. Politik wird in einem schillernden Sinne anschaulich.

Die elektronische Bühne erzeugt eine Ästhetisierung von Politik, die auf den *Kommunikationsgewohnheiten* in der Lebenswelt aufbauen kann, als *strategische Indienstnahme der Wahrnehmung für eine Urteilsbildung der Bürger* fungiert und sich tendenziell unabhängig davon macht, ob die gestellten Bilder durch politisches Handeln gedeckt sind oder nicht. Ein großer Teil der Energien, Intelligenz und Planungen der Politik wird auf die Erzeugung eines Anscheins politischen Handelns durch die wirkungsvolle Inszenierung visueller Sinneseindrücke und kalkulierter Bilder gerichtet, die an die Stelle von Information, Interpretation und Diskurs treten.

Das Fernsehen und die Akteure, die ihm die Bilder liefern, sind tief in eine revisualisierte Kultur eingebettet, die sie zugleich bedienen und nähren.

Vorab-Inszenierung. Die Medienbühne

Die mediale Bühne, Haupttreffpunkt des Politikers mit seinem Publikum, ist kein Forum, auf dem sich jeder zur Geltung bringen kann, wie er mag, sondern setzt eine komplexe *Vorab-Inszenierung* voraus. Wer auf deren Bedingungen nicht in angemessener Weise einzugehen vermag, hat schon vor Beginn der Vorstellung ausgespielt. Auf den sagenhaften Versammlungsplätzen der antiken Demokratie in Athen ging es für jeden, der sich mit Aussicht auf Massenerfolg dem versammelten Publikum darstellen wollte, zumindest um die interne Vorab-Inszenierung der angemessenen Physis und Rhetorik.

Das Fernsehen als Leitmedium der Gegenwart schafft sich eine eigene *Kommunikationsumwelt*: es verwandelt sich die gesamte Medienwelt an und macht seine Kommunikationsregeln unbemerkt zum wesentlichen Inhalt seiner Kommunikation. Auch die Qualitätszeitungen geraten in diesen Inszenierungssog, rudern aber mit respektablem Erfolg gegen ihn an. Das Grundgesetz der Fernsehkultur ist die *Dissimulation, das automatische Ablenken des Mediums von sich selbst.* Sie prägt jedes seiner Produkte durch und durch, wobei der Anschein wirksam bleibt, das Fernsehen sei die leere Bühne, auf der sich entfaltet, was die Darsteller und Regisseure zu bieten haben. Das genau ist die aktuelle Wahrheit von *McLuhans* berühmtem Satz: »Das Medium *ist* die Botschaft.«[30]

Die Vorab-Inszenierung der elektronischen Bühne manifestiert sich in sechs Inszenierungsregeln, die für das individuelle Spiel, von Rolle zu Rolle und von Stück zu Stück entfaltet, konkretisiert, variiert und angereichert und gelegentlich auch einmal ostentativ durchbrochen werden können:

(1) Alle Massenmedien wenden *Selektionsregeln* für Nachrichtenwerte an: Ein Ereignis in der Welt der Politik kann nur dann zum Baustein der Konstruktion des Politischen in den Medien werden, wenn es die Bedingungen für mediale Nachrichtenwerte präzise erfüllt.

(2) Die allen Mediengattungen gemeinsamen Grundtypen der *Prä-sentationsregeln* entstammen dem Theater, Boulevard- und Qua-litätszeitungen sowie Fernsehen und Radio variieren diese je-weils.

(3) *Verkörperungsfähigkeit* der Ereignisse, sei es durch das Herbeifüh-ren von »Events«, sei es durch die Darstellung des tätigen Kör-pers einzelner Akteure;

(4) Kürze der abgeschlossenen *Episode und rasche Frequenz* der Abfolge wechselnder Episoden;

(5) Beherrschung des *Wechselspiels der Bühnen* und Episoden bzw. des Bildwechsels;

(6) nachhaltige, im Prinzip *unbefristete Präsenz* der Medienfähigkeit der zentralen Akteure.

Die Regeln der Vorab-Inszenierung in den Print- und elektro-nischen Medien unterscheiden sich nur noch graduell. Die Boule-vardpresse hat, seit das Fernsehen seinen Erfolgsmarsch ins Herz der Massen angetreten hat, von dessen Stil hemmungslos abgekupfert, was sich auf Papierseiten umsetzen läßt, und auch die Qualitätszei-tungen folgen, in dezenter Sublimation, der elektronischen Vorgabe, sofern das Distinktionsverlangen ihrer Zielgruppen nicht Grenzen setzt. Im Layout einer Seite der »Zeit« und der »Woche«, in einem Bericht der »FAZ« oder der »Süddeutschen«, in der Nachrichtenstory des »SPIEGEL« oder in der Edel-»Bild«-Zeitungs-Optik von »Focus« sind die Regeln der Vorab-Inszenierung der Massenmedien in der Fernsehgesellschaft aufzuspüren. Das Fernsehen verkörpert sie in voller Reinheit und Kompromißlosigkeit und spielt die jeweils neu-esten Möglichkeiten zuerst und am augenfälligsten durch.

Die Vorab-Inszenierung erfolgt in zwei Stufen. Zunächst wird nach eisernen Regeln das Material ausgewählt, das als Rohstoff für die Zurichtung der Präsentation in Betracht gezogen wird.[31] *Nachrich-tenfaktoren* regulieren diese Selektionsvorgänge auf vierfach rückver-stärkende Weise. Sie werden *erstens* in allen Teilen des Medien-systems, von den Nachrichtenagenturen bis zur Herstellung des

Inszenierung des Stückes »Spurlos« von Phyllis Nagy am
Bonner Schauspielhaus. Der Regisseur Christoph Rech (ganz

fertigen Produkts, übereinstimmend angewandt. Sie kommen *zweitens* im Prozeß der Weiterverarbeitung des Informationsrohstoffs immer aufs neue im gleichen Sinn zur Geltung. Sie fokussieren *drittens*
wiederum genau diejenigen Aspekte am betrachteten Ereignis, die
ihnen entgegenkommen, und sie entfalten damit *viertens* ihre fast her-
metische Filterwirkung zwischen Welt und Medium auf *kumulative*
Weise.

Der Kommunikationswissenschaftler *Winfried Schulz* hat die Forschungen *Johan Galtungs* präzisiert und weitergeführt. Er identifiziert
ein gutes Dutzend filternder Nachrichtenfaktoren, die einen Konsens
der Medienakteure über das zum Ausdruck bringen, was in der Welt,
zumal in der politischen, wichtig und berichtenswert ist. Die Grund-
voraussetzung für die Zuwendung medialer Aufmerksamkeit ist
natürlich die *Ereignishaftigkeit*. Gedanken, Programme, Absichten,
Deutungen, Erwartungen oder Texte, sofern sie nicht als Ereignis auf-

rechts) probt mit den Schauspielern Andreas Schröders (zweiter von rechts) und Michael Prelle (S. 50 mitte).

treten, haben kaum eine Chance, als Rohstoff für die mediale Konstruktion der Wirklichkeit in Betracht gezogen zu werden.

Der Nachrichtenwert eines Ereignisses für die Medien wächst in
der Regel im gleichen Maße, wie er in den Nachrichtenfaktoren be-
schriebene Eigenschaften vereint: die *kurze Dauer* des Geschehens,
seine räumliche, politische und kulturelle *Nähe* zum Betrachter, der
Überraschungswert im Rahmen eingeführter Großthemen, *Konflikthaf-
tigkeit*, *Schaden*, besondere *Erfolge* und *Leistungen*, *Kriminalität*. Besonders bedeutsam sind, zumal für die Bildmedien, zwei miteinander
verbundene Dimensionen der Personalisierung. Die mediale Aufmerksamkeit wendet sich Ereignissen zu, wenn sie von *Einzelpersonen*
bestimmt oder repräsentiert werden, und dies in besonderem Maße,
wenn dabei *Prominente* im Spiel sind.

Auf dieser ersten Stufe der Vorab-Inszenierung, auf der das Roh-
material für die Konstruktion des Medienbildes gewonnen wird,

entscheidet sich, ob ein Vorkommnis der politischen Welt im Bild der politischen Welt, das die Medien erzeugen, vorkommen kann. Alles, was die Politik nicht in Gestalt von Ereignissen, *Events* in der Neusprache politischer Planungsstäbe, oder durch *Personifikation* zu präsentieren vermag, droht der medialen Aufmerksamkeit zu entgehen.

Selbst die kleinste Meldung über eine trockene Tatsache ist unvermeidlich eine *Konstruktion*, denn sie wird aus ausgewählten Materialien nach selbstgewählten Regeln gebaut – wie jedes Bild, das Menschen sich von der Welt machen. Je nach den Mosaiksteinchen, die aufgenommen und für wert befunden werden, und je nach dem Plan, der aus den vom Konstrukteur beigesteuerten Regeln und Ideen entsteht, können die medialen Bilder dem Betrachter helfen, sich in der politischen Welt zu orientieren, oder bewirken, sich in ihr um so gründlicher zu verirren. Ob die Konstruktion zur *Inszenierung* wird, entscheidet sich in dem Augenblick, in dem ihr der Autor nach Maßgabe seiner eigenen ästhetischen Ideen ein *eigenes Leben* einhaucht, das sie zu einer bewegten Geschichte macht und somit zu einem

Stück Leben. Der Autor wird zum Regisseur, auch wenn er als Journalist nur seine Kunstfiguren mit Leben erfüllt und nicht lebendige Darsteller lenkt. Das ist einer der Übergänge zum Theater, das Brecht zufolge beginnt, sobald der Passant, der uns den Hergang des Unfalls berichtet, nicht nur erzählt, was sich ereignet hat, sondern einzelne Episoden des Ereignisses für uns nachspielt. Bei den Medien-Autoren kommen zudem die Präsentationslogik und das reichhaltige Repertoire theatraler Inszenierungsweisen ins Spiel, damit aus den Partikeln des Informationsrohstoffs ein sehenswertes Stück wird, das sein Publikum anlockt und bei der Stange hält. Die Politik macht sich, so gut sie kann, die Logik der Vorab-Inszenierung zur zweiten Natur. Sie muß dabei kein schlechtes Gewissen haben, denn Öffentlichkeit ist der Stoff, aus dem im Zeitalter der Demokratie allein Politik gemacht wird und Legitimation erwachsen kann.

Das Vertrackte an den eisernen Regeln der medialen Vorab-Inszenierung ist, daß sie bis auf wenige Ausnahmen für den einzelnen Medienakteur wie für den einzelnen Politiker gleichermaßen Zugangsbedingungen zum Forum der massenwirksamen Öffentlichkeit darstellen. Wer sich diesem *Inszenierungs-Druck* verweigert, kommt nicht vor oder nicht an. Insofern teilen beide Akteure das gleiche Interesse, wenn auch mit unterschiedlichem Ziel und aus unterschiedlichen Motiven. Für die Medien reicht im Zweifelsfall Öffentlichkeit an sich, um ihr Publikum zu finden. Der Politiker braucht eine Öffentlichkeit, die seinen spezifischen Botschaften zustimmt.

Wer als politischer Akteur öffentliche Zustimmung für seine Person oder eine bestimmte Politik mobilisieren möchte, muß auch der Versuchung einer idiosynkratischen Eigenkreation widerstehen. Will er nicht zum bloßen Laienschauspieler werden, kann es für ihn in der Mediengesellschaft allein darum gehen, was er aus den Zumutungen der Vorab-Inszenierung macht. Die kritische Frage, die an die Inszenierung des Politischen aus der Perspektive der Politik zu richten wäre, lautet für die Autoren auf beiden Seiten: Wie stark und wie gut ist die Beimischung des politischen Rohstoffs in den Stücken, die sie uns zeigen.

Die Logik des Theaters

»Theater ereignet sich«, so Erika Fischer-Lichtes Minimaldefinition, »wenn es eine Person A gibt, die X verkörpert, während S zuschaut«. Sie weist in ihrem Standardwerk »Semiotik des Theaters« einschränkend darauf hin, daß viele unterschiedliche Theaterbegriffe ihre Berechtigung haben können, je nachdem, für welche Analysezwecke sie verwendet werden.[32] Für eine Untersuchung von *Politik als Theater* sollte zunächst ein strenger und klassischer Begriff von Theatralität zu Rate gezogen werden, da bei diesem brisanten Thema im Vorhof der Macht sonst intuitive und uferlose Bezichtigungen geäußert werden, die wenig erklären und nichts bewirken. Eine Analyse von Politik als Theater muß zeigen können, daß in den so bezeichneten Formen der Politik und der Politikvermittlung Wesentliches von dem in Erscheinung tritt, was das eigentliche Theater zum Theater macht, und vor allem, worin sich solche Politik vom Theater unterscheidet.

Theater ist, wie *Fischer-Lichte* überzeugend nachgewiesen hat, durch besondere Eigenschaften in mehreren miteinander verbundenen Dimensionen als ein *kulturelles Modell* charakterisiert, das sich von allen anderen kulturellen Modellen des menschlichen Handelns prinzipiell unterscheidet.

Zunächst: Auf der Bühne des Theaters bezeichnen die Mimik und das Kostüm, die Gestik und die Requisiten, die Bewegung im Raum und die Dekoration, die Sprache und die Stimme, die Beleuchtung und die Maske nicht den Schauspieler als Person und auch nicht die Gebrauchsfunktion des von ihnen Bezeichneten, sie sind vielmehr *Zeichen für Zeichen*: Der Bart des Schauspielers A ist nicht sein eigener, sondern verweist auf ein Merkmal der von ihm dargestellten Person X, ebenso die Sätze, die er spricht, der Tonfall und die Stimme, mit

denen er sie aufsagt, und alle gestischen, mimischen und übrigen Körperbewegungen, die er spielt. Das Licht dient nicht allein der Beleuchtung der Bühne, sondern charakterisiert und führt die Stimmung herbei, die in dem Raum herrscht, in dem sich das Dargestellte ereignet. Die Kulissen, Requisiten und was sonst auf der Bühne zu sehen ist – nichts bezeichnet die Gebrauchsfunktion der anwesenden Gegenstände, alles verweist auf die entsprechenden Zeichen an den dargestellten Personen, Sachen und Geschehnissen.

Dem Theater, das sich allen Manifestationen der sozialen Kultur, in die es eingebettet ist, zuwenden kann, und zwar mit Zeichen, die auf Anhieb verständlich sind, eignet ein eigentümlicher *Doppelcharakter*, der seinen besonderen Sinn als Kunst und als kulturelle Hervorbringung ausmacht. Es kann »als ein Akt sowohl der Selbstdarstellung als auch der Selbstreflexion einer Kultur begriffen werden«[33]. Es lebt vom bloßen nachahmenden Spiel, das jede Versuchung zur Dissimulation, als wäre es die Wirklichkeit des Dargestellten, um der eigenen Wirkung willen zurückweisen muß. *Das Theater als Theater zeigt nicht nur ostentativ vor, es demonstriert gleichzeitig stets, daß das Vorgezeigte nicht wirklich anwesend ist. In diesem Sinne lebt das Theater vom Bewußtsein der Simulation bei seinem Publikum und wird dadurch zum Kunstwerk.*

Sodann ist das theatrale Handeln durch die *simultane und vorbedachte Inanspruchnahme der gesamten köpereigenen und raumbezogenen Zeichensprache* gekennzeichnet. Der Schauspieler verkörpert das Dargestellte mit allen Sinnen und wirkt darum auf alle Sinne der Zuschauer ein. Eine Geste kann darüber entscheiden, ob der dabei gesprochene Text in seinem Wortsinn oder im Gegensinn verstanden oder ob er bedeutungslos wird. Der Schauspieler erzählt die Personen und Episoden nicht, er beschreibt auch nichts, er spielt die Szenen, als würden sie stattfinden, so daß wie in der sozialen Lebenswelt alle Zeichen an

ihm für das, worum es geht, und für dessen Interpretation Bedeutung gewinnen. Das gilt sogar für das von Brecht begründete *epische* Theater, bei dem der Schauspieler im Spiel der Personen zugleich sichtbar machen soll, daß er sie zeigt.

Das lebensanaloge Zusammenspiel der Gesamtheit der menschlichen Zeichensprachen schafft eine *dichte Realitätsillusion*, obgleich die Bühnenatmosphäre das Bewußtsein wachhält, daß diese Wirklichkeit nur eine gespielte ist. *Brecht* geriet auch als erfahrener Theatermann im *Kleinen Organon für das Theater* noch in bewunderndes Schwärmen, als er sich Rechenschaft über die Geringfügigkeit der Mittel ablegte, mit denen richtig gemachtes Theater auskommt, um Illusionen und deren Wirkungen auf die Zuschauer hervorzurufen. Er definierte Theater als eine »Abbildung menschlichen Zusammenlebens«, die durch die kalkulierte Erzeugung von Emotionen zugleich Erkenntnisse vermittelt und Unterhaltung bietet. »Was die Welt selber betrifft, die dabei abgebildet wird, aus der da Ausschnitte genommen sind für die Erzeugung dieser Stimmungen und Gefühlsbewegungen, so tritt sie auf, erzeugt aus so wenigen und kümmerlichen Dingen wie etwas Pappe, ein wenig Mimik, ein bißchen Text, daß man die Theaterleute bewundern muß, die da mit einem so dürftigen Abklatsch der Welt die Gefühle ihrer gestimmten Zuschauer so viel mächtiger bewegen können, als die Welt selber es vermöchte.«[34]

Zu den Theaterleuten, die dafür zu bewundern sind, gehören nicht nur die *Darsteller*, sondern zumal die *Regisseure*. Erst in der Inszenierung, die sie kalkulieren, planen und einüben, gewinnt die hoch-

komplexe Konfiguration selbst minimaler Zeichen die eindringliche
Dichte einer bewegenden Illusion, die die Sinne wie reale Episoden
in der Lebenswelt ansprechen.

Die Inszenierung im traditionellen Theater ist ein ästhetisches
Produktionsverfahren, das Texte und Bilder *in Szene* setzt, also zu be-
deutungsvollen Handlungsabläufen strukturiert, die der Körper des
Darstellers spielt. Die körperbezogenen Zeichen, die die Darsteller
erzeugen, werden dabei im Hinblick auf vorbedachte gedankliche, ge-
fühlsmäßige, ästhetische und ethische Wirkungen zugleich *kunstvoll
und künstlerisch* kalkuliert. In gewisser Weise erinnern die starken
Affekte, die selbst mit ein paar Strichen angedeuteten Gesichtszüge
eines Kleinkindes, geschweige denn zwei, drei Töne seines Schreiens
bei jedem von uns hervorrufen, an eines der Geheimnisse des Wir-
kungsmechanismus theatralischer Inszenierung. Durch die vielen
Stufen der Subtilität, auf die sich Inszenierungskunst emporzu-
schwingen vermag, bleiben solche Zusammenhänge zwischen Zeichen, die wir erkennen, und Reaktionen, die sie in uns hervorrufen,
wirksam.

Die Logik des Theaters als Theater läßt sich knapp resümieren: *Es
geht um inszenierte Darstellungen des tätigen Körpers zur Erzeugung von Rea-
litätsillusionen, die sich als bloße Darstellungen zu erkennen geben.* Theater ist
ein Handeln als ob, das sich zum Als-ob bekennt.

Differenzierungen. Rhetorik und Theatralität

Die Polis von Athen, der Inbegriff gelungener Politik, an der die Bürger lebendigen Anteil nahmen, lebte vornehmlich von der glänzenden Rhetorik ihrer Helden. Sie zielte auf das besonnene Urteil der vielen. Das Theater erlebte in dieser Polis seine größte Blüte und war für sie von wesentlicher Bedeutung wie auch für das Politische, aber es folgte an anderen Plätzen einer anderen Logik und anderen Absichten. Diese Trennung hat entscheidend dazu beigetragen, daß das Politische in der Polis von Athen zu einem historischen Paradigma werden konnte.

Es gab, soweit wir wissen, immer schon sowohl *theatralische Rhetorik* als auch *rhetorisches Theater*. Rhetorik und Theatralität sind aber keineswegs dasselbe, und keines von beiden ist nur ein Spezialfall des anderen. Theatralische Rhetorik nennen wir den unangemessen deutlichen oder dissonanten Einsatz der Sprache des Körpers für das Glaubhaftmachen der Argumente der Sprache oder der Redlichkeit des Sprechers. Im rhetorischen Theater hingegen ist der Einsatz des tätigen Körpers und seine Inszenierung überwiegend auf ein Spiel der Darstellungsformen mit sich selbst reduziert oder dient zum bloßen Beweis vorab formulierter Parolen.

Nach der klassischen Definition des Aristoteles ist die politische Rhetorik diejenige öffentliche *Rede*, die ihrem *Rat zum Handeln* durch die Einheit von Ethos, Pathos und Logos mit *guten Gründen* und gültigen *Schlußformen* Überzeugungskraft für alle verleiht. »Die Rhetorik stellt also das Vermögen dar, bei jedem Gegenstand das möglicherweise Glaubenerweckende zu erkennen.« Zwar ist nach klassischem Verständnis der Redner einer der guten Gründe, die für den Rat, den seine Rede vermittelt, sprechen, aber nicht in erster Linie durch die ästhetischen Darbietungen der Sprache seines Körpers, sondern sofern er durch seinen Charakter und seine Lebensführung als eine vorbildliche Verkörperung des Ethos des Gemeinwesens gelten kann, für das der Logos seiner Argumente wirbt.

»Durch den *Charakter* (erfolgt die Persuasion), wenn die Rede so gehalten wird, daß sie den Redner glaubhaft macht; denn den Tugendhaften glauben wir lieber und schneller – im allgemeinen schlechthin –, ganz besonders aber da, wo keine letzte Gewißheit ist, sondern Zweifel herrscht. Dies aber muß durch die Rede gelingen und nicht durch irgendeine vorgefaßte Meinung über die Beschaffenheit des Redners; denn es ist nicht so, wie einige Theoretiker in ihrer Theorie behaupten, daß der sittliche Lebenswandel des Redners nichts beitragen kann zur Glaubwürdigkeit, während doch der Charakter sozusagen so ziemlich die bedeutendste Überzeugungskraft besitzt.«[35]

Rhetorik in ihrer klassischen Form, nicht in der Weise des populistischen Kokettierens mit Stimmungen und Vorurteilen, kann auch als die Anwesenheit des Kontextes im Text gelten: Sie entnimmt die Gemeinplätze (topoi), die alle überzeugen, dem Ethos des Gemeinwesens, indem sie argumentiert und an die Tugenden und mit ihnen verbundenen großen Gefühle der Bürger appelliert, deren Pathos sie für die vorgetragene Sache mobilisieren will.

Im einzelnen mag es schwierig sein, ein Urteil darüber zu fällen, ob eine Einheit von Argument, Gefühl und Sittlichkeit des Gemeinwesens vorliegt oder eine der drei Quellen der Überzeugungskraft menschlicher Rede die anderen aussticht oder gar in Dienst nimmt.

Rhetorik ist jedoch ihrer Absicht nach und durch den Charakter der ins Spiel gebrachten Darstellungsmittel stets auf das *Glaubhaftmachen einer Rede angelegt, die Behauptungen über die Welt und die Vorzugswürdigkeit einzelner praktischer Handlungen in ihr vorträgt.* Es geht bei ihr um Beweise, die letztlich alle der Überzeugungskraft von gedanklichen Schlüssen dienen.

Brecht hat den Unterschied zwischen Theater und Rhetorik charakterisiert: »›Theater‹ besteht darin, daß lebende Abbildungen von überlieferten oder erdachten Geschehnissen zwischen Menschen hergestellt werden, und zwar zur Unterhaltung.«[36] Diese Abbildungen erfolgen »mit dem tätigen Körper«[37] und ohne vorgegebene Hierarchisierung durch die Gesamtheit der ihm möglichen Zeichensprachen. Das Theater ist nicht darauf angelegt, einzelne Behauptungen über die Welt oder Handlungsvorschläge glaubhaft zu machen, sondern darauf, komplexe soziale und kulturelle Tatbestände in der ihm eigentümlichen ästhetischen Rekonstruktion für die distanzierte Anschauung des Publikums und seine Reflexion des Angeschauten darzustellen.

Während die *Rhetorik* immer eine einzelne Behauptung über die Welt und einen besonderen Rat zum Handeln glaubhaft machen will, zeigt das *Theater* eine komplexe Gestalt der Kultur und des Lebens; was wir daraus erkennen und wie wir uns dazu im Handeln stellen wollen, muß offenbleiben.

Die Rhetorik gleicht also der Aussage, auch wenn sie stets manches ins Bild setzt, das Theater aber gleicht dem Bild, auch wenn es selten ohne Aussagen auskommt. Politische Rhetorik und politisches Theater sind folglich getrennte Welten. Während der politische Rhetoriker unter Einsatz der Gemeinplätze, die sein Publikum teilt, der Formen,

die es überzeugen, der Emotionen, die es verbinden, und mit der Glaubwürdigkeit seiner eigenen Person Argumente glaubhaft machen will, zeigt der politische Theatraliker das Abbild eines Menschen mit seinen Eigenschaften oder das Bild von Handlungen, die vollzogen wurden, als ob sie real wären.

Zwischen den beiden so verschiedenartigen *kulturellen Modellen* der *Rhetorik* und des *Theaters* gibt es Berührungspunkte und *Brücken*. Eine Brücke, die in der politischen Kommunikation häufig gebaut und überschritten wird, ist das theatralische Vorspielen von Tugenden und Eigenschaften eines Redners. Besitzt er die auf den elektronischen Bühnen der Bildmedien mit der Zeichensprache seines tätigen Körpers vorgespielte Glaubwürdigkeit nach dem Urteil eines neutralen Beobachters oder seiner sozialen Umwelt weder in seinem Leben noch in seiner Profession, gerät die Logik der Theatralität in die Rolle einer Hilfsfunktion innerhalb der rhetorischen Logik. Ebenso kann umgekehrt die Rhetorik eines deklamierten Textes als Teil einer Theaterszene eine Hilfsfunktion für die Logik des theatralen Handelns übernehmen, ohne daß ihre grundlegenden Differenzen dadurch aufgehoben würden.

Der Unterschied von Theatralität und Rhetorik ist für die Öffentlichkeit in der Demokratie von ausschlaggebender Bedeutung. Mündigkeit und Rationalität hängen entscheidend davon ab, daß wir durch Argumente überzeugt werden, die den Widerspruch nahelegen, und nicht durch Bilder, die scheinbar bloß belegen, was ihre Urheber im Sinn haben.

Die Logik des Politischen

Aristoteles zufolge besteht die Logik politischen Handelns in der Verständigung vieler über das, was allen gemeinsam ist, und diese Verständigung von Freien und Gleichen führt zur Verbindlichkeit des Entschiedenen für alle. Sein Konzept enthält im Kern die Logik des Politischen in der Demokratie als dem Prinzip gleichberechtigter Willensbildung und Mitbestimmung.

Hannah Arendt hat in den fünfziger Jahren nach der Aktualität des aristotelischen Politikbegriffs im Schatten von Totalitarismus und Atombombe gefragt.[38] In den unübersichtlichen und komplexen Gesellschaften der Gegenwart müssen schon der Natur der Sache nach Abstriche an einem so anspruchsvollen kommunikativen Politikverständnis gemacht werden. Wie wenig der Ablauf politischen Entscheidens und Handelns dieser Norm auch entsprechen mag, Politik spielt sich stets in der Arena eines strukturierten Gemeinwesens ab (Dimension der *polity*), das durch bestimmte *Werte*, *Institutionen* und eine die Abläufe regelnde *Verfassung* Gestalt gewinnt. Politik ist stets darauf gerichtet, *Probleme* des gesellschaftlichen Zusammenlebens durch spezifische *Handlungsprogramme* zu lösen, die ihre *Ziele* im *Erfolgs*falle realisieren (Dimension der *policy*), und sie vollzieht sich in einem *Prozeß* (Dimension der *politics*), in dem unterschiedliche *Akteure Konflikte* über divergente *Interessen* austragen, wobei sie die ihnen verfügbaren verschiedenartigen *Ressourcen* zur Geltung bringen und Legitimation für ihre Handlungsziele nach Maßgabe der legitimierenden Ideen des Gemeinwesens beanspruchen. In der Demokratie sind dies in erster Linie *Menschenrechte* und *demokratische* Abstimmung.

Eine politische *Didaktik*, die weder mit Zapping-Effekten noch mit dem Ausstieg des Publikums rechnen muß, weil zum Beispiel Schüler den Raum nicht verlassen dürfen und eine Note brauchen, wird bei der Analyse eines politischen Sachverhalts oder Vorgangs alle Grundbegriffe unter ihrem wissenschaftlich eingebürgerten Namen ins Spiel bringen. Für jedes *Massenmedium* wäre eine unmittelbar der Eigenlogik politischen Handelns folgende Darstellung ein grober professioneller Kunstfehler und das sichere Aus. Es geriete dann sogar in Widerspruch zu seiner eigentlichen politischen Funktion, öffentliche Aufmerksamkeit für politische Themen zu erzeugen. Letzteres ist

auch dann der Fall, wenn das Massenmedium die Aufmerksamkeit zwar nach seinen eigenen angestammten Erfolgsregeln erzielt, dabei aber die Eigenlogik des Politischen aus dem Auge verliert.

Der österreichische Kommunikationswissenschaftler *Fritz Plasser* hat kürzlich die These vertreten, beim gegenwärtig erreichten Stadium der Mediendominanz lösten sich die spezifischen Differenzen zwischen der Funktionslogik der Politik und der Medien auf. Beide würden zu einem *politisch-medialen Supersystem* verschmelzen, das insgesamt allein der Logik des Mediensystems folge, so daß die Medien beim Blick auf das politische Handeln wie in einem Spiegel immer nur sich selbst und ihre eigene Art, die Welt zu konstruieren, erkennen könnten.[39]

Plasser zufolge ist die Politik des medienbestimmten *Als-ob* zum Wesen von Politik in der Mediendemokratie geworden. Diese Sicht verliert ihre vordergründige Absurdität vor dem Hintergrund einer radikalisierten Systemtheorie der Gesellschaft, der zufolge es der Politik in den hochkomplexen Gesellschaften der Gegenwart ohnehin verwehrt sei, in andere Teilsysteme – Wirtschaft, Bildung, Technik, Forschung, Recht – gestaltend einzugreifen, wie es ihrem Anspruch entspreche. Diese seien längst autonom und folgten lediglich ihrer selbstgeschaffenen Eigenlogik. Der Politik bleibe ohnehin nur noch die Rolle einer beschwichtigenden Begleitmusik zu einem Stück, an dessen Regie sie nicht mehr maßgeblich beteiligt sei.

Die Frage, inwieweit sich das Wesen der Politik dem Mediensystem anverwandelt, kann erst durch genaue empirische Forschungen in vielen Politikbereichen exakt beantwortet werden. Das Ausmaß, in dem die Logik der Medien und die Macht des Medien-Charismas seiner Günstlinge einzelne Faktoren der Logik politischen Handelns überlagert, außer Kraft setzt, umgewichtet oder gänzlich umstrukturiert,

variiert in der Mediendemokratie von Handlungsfeld zu Handlungsfeld und von Situation zu Situation.

Die *Kolonisierung der Politik durch das Mediensystem* läßt sich mannig-
fach belegen. So zeigt eine Analyse der Erfolgskarriere von Spitzenpolitikern, daß die vermittels persönlicher *Inszenierungskompetenz* an-
gesammelte *mediale Macht* eine der allerwichtigsten Ressourcen
geworden ist. Ohne einen hohen und offensichtlich noch ausbaufähi-
gen Rang in der Mediengunst haben Bewerber um die Spitzenämter
in Parteien und Staat heute nicht nur in den USA, sondern auch in
den europäischen Mediendemokratien keine Aussicht auf Erfolg. Ein
hohes Maß medialer Macht versetzt den politischen Akteur mittlerweile sogar in die Lage, weitgehend eigenmächtig, nämlich allein im
Hinblick auf die Wahrung und Mehrung dieser Machtquelle, über
Programm und Politik der eigenen Partei zu verfügen, auch wenn in
deren demokratischen Diskursen zuvor in ganz anderer Weise entschieden worden war. Der kometengleiche Aufstieg von Tony Blair
zunächst an die Spitze der eigenen Partei und dann der Regierung hat
dies exemplarisch demonstriert. Die Entscheidungsmacht über Programm und Profil der im Namen einer großen Volkspartei öffentlich
vertretenen Politik geht allmählich in die Küchenkabinette der *Spin-
doctors* über, die den *Medien-Bonaparte* beraten. Als Korrekturinstanz
werden allein noch das Ergebnis von Umfragen, medial inszenierten
Stimmungen und die Momentaufnahmen von Wahlentscheiden an-
erkannt.

Das *Mediencharisma* der Kandidaten ersetzt zunehmend deren demokratische Legitimation durch Verfahren und die öffentlichen Diskurse kollektiver Willensbildung in den Parteien und in der Zivilgesellschaft. Dieses Charisma ist eine *Machtressource*, die mit Wissen,
Handlungskompetenz und Geld konkurriert.

Die Eigenlogik des politischen Handelns wird von der medialen
Logik keineswegs völlig aufgesogen, aber *symbolische Placebopolitik*
nimmt überhand. Die neue Macht *theatralischer Politikinszenierung* bewirkt angesichts schrumpfender politischer Handlungskorridore fol-

genreiche Veränderungen der *Handlungsprogramme*, die immer virtuoser bloß vorgespielt werden.[40]

Da der Zwang zur Legitimation politischen Handelns oder eben auch Nicht-Handelns für den Nationalstaat in der Krise wächst, während ihm die Globalisierung einen wichtigen Teil seiner Gestaltungschancen nimmt, werden die politischen Akteure zum Beispiel stärker verführt, die offenkundigen Erfolgsdefizite durch medienwirksames Scheinhandeln zu verschleiern.

Möglichkeiten für symbolische Politik lassen sich von professioneller Hand leicht realisieren und werden auf den elektronischen Bühnen reichhaltig angeboten. Einige Beispiele: die aufwendig ins Bild gerückte Eröffnung einer neuen Fabrik in Thüringen durch den Bundeskanzler, die zweihundert neue Arbeitsplätze in einer Region schafft, in der zuvor durch politisches Unterlassen die zehnfache Zahl verlorenging; über Wochen wird gezeigt, wie große Limousinen vor der Bonner Staatskulisse, den Pforten zur Macht, vorfahren und geschäftige Wirtschaftsbosse und Gewerkschaftsführer, Politiker und Experten aussteigen und in die Kabinette der Macht entschwinden; ein neues Programm für Arbeitsplätze wird von der Bundesregierung förmlich beschlossen und von den Medien als politische Tat zum Abbau der Arbeitslosigkeit verbreitet, so wie es die Urheber der Aktion verkündet hatten, obwohl die Lektüre des Papiers schnell erweist, daß das Vorhaben fast nichts kostet und so gut wie nichts bewirken kann. Dies sind nur einige Beispiele einer endlosen Folge politischer Nicht-Ereignisse, die als mediale Scheinereignisse öffentlich propagiert werden und die Allgegenwart handelnder Politiker suggerieren. Wo keine Glanzbilder mehr wirken, wo der Bürger politische Versäumnisse als Krisen in der persönlichen Lebenswelt erfährt – Dauerarbeitslosigkeit, Gewalt in der Schule, Einkommensverringerung oder Umwelterkrankung der eigenen Kinder –, kehrt die Frage nach *Handlungsprogrammen, Zielen* und *Erfolgen* unverhofft in die Wirklichkeit des Politischen zurück, nicht selten verquer als radikalisierter Protest oder populistische Denunziation.

Die politische *Kommunikationskultur* verändert sich um so rascher und gründlicher, je größer das Gewicht der kommerziellen Fernsehanstalten ist. Die in einigen Quartieren der Medien und Wissenschaft verkündete These von der Selbstauflösung der Politik im virtuellen Wohlgefallen des Medienglanzes geht jedoch aus verschiedenen Gründen zu weit und ist im Ergebnis zynisch, weil sie den Bürgern nur noch die Rolle des passiven Zuschauers zubilligt.

- Die *Logik des Politischen* in der Politik wird in all ihren Dimensionen überlagert und durch neue, medien- und inszenierungsbezogene Faktoren ergänzt und verformt, aber nicht annulliert.
- Die Macht der Darstellungskunst gewinnt kräftig an Boden im Leben der Politik, aber das politische System bringt nicht nur darstellendes Handeln hervor.
- Die mediale Vorprägung der Kommunikation zwischen Bürgern und Politik dehnt den Rahmen, den demokratische Grundwerte wie Freiheit und Gleichheit bilden, immer weiter aus und schwächt seine Macht, aber politische Kultur und Institutionen setzen weiterhin Bedingungen für politisches Handeln.
- Die Karten für die Macht- und Karrierechancen der Stars werden neu gemischt und anders verteilt, aber die Akteure und ihre Machtquellen bestimmen das Geschehen, und sie tragen Verantwortung.

Es ist wahr, die politische Öffentlichkeit droht zum Spiegelkabinett zu werden, in dem sich Politik und Medien immer nur selber zu erkennen vermögen und die Welt aus den Augen zu verlieren drohen. Die reale Lebenswelt der Bürger und das Treiben in den Vorhöfen und an den Hebeln der Macht geht indessen hinter den Spiegeln weiter.

 Politik trachtet mit viel Erfolg danach, daß das, was das Publikum von ihr zu Gesicht bekommt, vor allem Theater ist. Die Macht und die Logik ihrer Bildung, Entfaltung und Wirkung ziehen sich, nachdem sie sich auf den öffentlichen Bühnen mit Proviant versorgt haben, hinter die Kulissen zurück. Sie können sich dem ersten Blick

entziehen, aber ignorieren sie auf Dauer ihre ureigene Rolle, berauben sie sich selbst ihrer Legitimation. Und auch die Medien, wenn sie in ihren Konstruktionen die politische Welt selbst und nicht deren Repräsentationsbühnen erfassen wollen, müssen das Spiegelkabinett verlassen.

Die Bürger haben das Recht und die Pflicht, in der »Inszenierungsgesellschaft« nach dem Treiben hinter den Kulissen zu fragen und der Politik ihre Funktion ins Gedächtnis zu rufen.[41] Sie müssen mit den Folgen des Theaters leben.

Politik und Theater. Logiken ihrer Synthese

Ein kunstvoll dramatisiertes Feature mit sorgsam ausgewählten Informationen und Kurzinterviews kann mehr politisches Wissen über Arbeitslosigkeit in den USA und hierzulande verbreiten als eine lange realitätsgetreue oder wissenschaftliche Abhandlung. Die anderthalbstündige Talk-Show, in der Experten ein politisches Thema durchleuchten, kann spannende Unterhaltung bieten, ohne angemessene politische Erkenntnis zu vermitteln.

Die *Logik der Politik* und die *Logik der medialen Vorab-Inszenierung* stehen in einem immerwährenden Spannungsverhältnis zueinander. Politische Prozesse mit ihren vielen sichtbaren und unsichtbaren, kleinen und großen Akteuren, ihren verworrenen Konfliktlinien, verdeckten und offenen Interessen, fragwürdigen, notwendigen und hergerichteten Legitimationen, komplexen Handlungsprogrammen, deklamierten und tatsächlichen Zielen bedürfen einer sorgsamen, zeitraubenden und keineswegs immer spannenden Zuwendung, um hinreichend verstanden zu werden. In der Polis von Athen, einem kleinen Gemeinwesen mit nicht viel mehr Bürgern als heute in einer kleinen Stadt leben, war es zumal in den Zeiten der Demokratie gelungen, fast alle freien Männer ständig informiert, motiviert, wenn erforderlich aktiv so stark ins politische Leben zu verwickeln, daß es ihnen als einer ihrer höchsten Daseinszwecke erschien. Diese Gruppe umfaßte etwa ein Siebtel der erwachsenen Einwohner. Ihr galt Politik als Praxis der Ethik, und die Glanzleistungen der großen Rhetoren des Gemeinwesens, die auf der weitläufigen Agora für die anwesende Mehrheit der Bürger die Einheit von Vernunft, Gefühl und Sittlichkeit lebendig werden ließen, banden alle aneinander.

In den komplexen Gesellschaften der Gegenwart regieren die Gesetze von Raum und Zahl. Noch immer oder vielmehr aufs neue bilden sich gemeinsam beratende und handelnde Bürgergruppen, die den Geist der Zivilgesellschaft verkörpern. Sie beschränken sich zumeist auf ein oder zwei Hauptthemen. Einige Hunderttausend nutzen in unserem Lande Jahr für Jahr das weitgespannte Netzwerk der politischen Akademien freier Träger, um sich über die Politik ihres Gemeinwesens ein fundiertes Eigenurteil bilden zu können. Ein Zwanzigstel der Erwachsenen organisiert sich in politischen Parteien, nur ein rundes Siebtel von ihnen zählt zu den aktiven Mitgliedern. Alle politisch interessierten Bürger beziehen ihren täglichen Grundbedarf an Information eher von den Qualitätszeitungen, oft vom Radio, aber auch vom Fernsehen, von dem die übrigen fast ausschließlich zehren, sofern sie überhaupt mit der politischen Welt Kontakt halten.

Die Massenmedien, die für das große Publikum seit zwei, drei Jahrzehnten die Funktion des öffentlichen Forums übernommen haben, folgen der Logik ihrer Vorab-Inszenierung so konsequent wie möglich. Für jeden Diskurs, den sie produzieren, bleiben ihnen große Spielräume bei der Wahl der Inszenierungsformen und hinsichtlich der Anstrengung, die politische Logik zur Geltung zu bringen.

Unter den mannigfachen *Formen der Synthese der Logik des Theaters und der Logik der Politik* in den Medien lassen sich neun Modelle ausmachen. Sie dienen auch politischen Akteuren und ihren PR-Stäben als Muster und lassen sich bei Bedarf ergänzen und weiter ausdifferenzieren:[42] *Personifikation, Mythischer Heldenkonflikt, Drama, Archetypische*

Erzählung, Wortgefecht, Sozialrollendrama, Symbolhafte Tat, Unterhaltungs-Artistik, Sozialintegratives Nachrichtenritual.

Die *Personifikation* inszeniert natürliche Personen durch die Gesamtheit ihrer sprachlichen oder nichtsprachlichen Äußerungen sowie kalkulierte Berichte über sie als Verkörperungen von Eigenschaften, Kräften, Tendenzen, Tugenden, Programmen oder Mächten im Hinblick auf das, was in der politischen Kultur eines Gemeinwesens bedeutsam ist. So personifizieren etwa *Blair* und *Schröder* Willen und Kraft des Neuen, *Kohl* buddhahaft gelassene Ruhe, an der die Aufgeregtheiten einer überhitzen Welt zerschellen, *Schäuble* Tugend, Macht und eisernen Willen, den die Verführungen der Welt oder Schwächen nicht korrumpieren können. Jeder Darsteller verkörpert in wechselnden Graden der Annäherung überpersonale Eigenschaften, die ihn zum mythischen Helden machen und weitgehend abgelöst sind von dem, was er als natürliche Person sein und können kann.

Der *mythische Heldenkonflikt* inszeniert entweder die Konkurrenz zwischen verschiedenen Strömungen, Gruppen, Interessen in der politischen Arena als schicksalhaftes Duell zwischen Heroen oder überhöht politische Konflikte, die von Spitzenpolitikern repräsentiert werden, zu solchen Entscheidungsschlachten zwischen überpersönlichen Schicksalsmächten. Die »Bild«-Zeitung sah *Schröder und Kohl im Duell* bei der ersten gemeinsamen Parlamentsdebatte nach Schröders Kür zum Kanzlerkandidaten.

Das *Drama*, speziell das *Minidrama*, ist als einfaches, aber wirksames Inszenierungsmodell in den Printmedien ebenso beliebt und verbreitet wie bei Funk und Fernsehen. Der tragische Konflikt zwischen Personen, hier müssen es keine Helden sein, spitzt sich schicksalhaft zu und kennt am Ende nur Sieger und Besiegte. Die tiefen Emotionen menschlichen Triumphs und menschlicher Niederlage, verdienten oder unverdienten Glücks und Elends werden in kunstvoll arrangierten Spannungsbögen vorgeführt: wie der harte Vater den ohnmächtigen Sohn stößt Kohl *stur* und unbeirrt immer aufs neue den Erben *Schäuble*, der es nach Lebensleistung und Format verdient hätte, sein Amt zu übernehmen, demütigend in die bloße Kronprinzenrolle zurück – Akt für Akt mit schicksalhafter Zuspitzung auf ein offenes, aber vielleicht doch tragisches Ende.

Archetypische Erzählungen erleben wir in Geschichten, in denen Figuren, die immer wiederkehrenden Lebensmächten ähneln, wie der Vater, die Mutter, der Herrscher, der Gute, der Böse, die Dirne, das Kind, der Weise, der Kundige, der Streber, der Vagabund, der Arglistige, der Intrigant, der Mächtige oder der Ohnmächtige, in Gestalt bekannter oder unbekannter politischer Akteure ein Geschehen strukturieren, das uns als eine Abfolge bedeutsamer Episoden erzählt wird. Das kann wie im Fernsehen in Bildern geschehen – jüngst wurde anhand einzelner Akteure und ihrer Schicksale die *Geschichte der APO* erzählt – oder wie im »SPIEGEL« jeden Montag aufs neue als Nachrichtenstory.

Mehr als alle anderen Nachrichtensendungen, auch mehr als ihre Konkurrenz beim ZDF funktionieren die von *Ulrich Wickert* moderierten *tagesthemen* in der ARD als *Sozialintegratives Nachrichtenritual*. Der

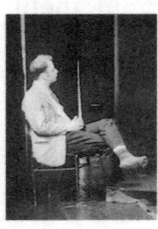

große und väterlich strenge, aber freundliche und wohlwollende Mann lehnt sich fast aus dem Bild heraus. Er nimmt uns an der Hand und zeigt uns wieder einmal, gut dosiert und bekömmlich vermischt, ein Stück dieser schwer verständlichen Welt: schlimme Sachen, die andere machen, Bedrohliches, das aber mit einem besänf-

tigenden Augenzwinkern für uns entschärft wird, Belehrungen über
Politik, Gesetze und was wir sonst noch beherzigen müssen, nichts
Beunruhigendes in existentieller Hinsicht, denn erstens wird nichts
so heiß gegessen, wie es gekocht wird, zweitens sollten wir nichts von
alledem so ganz ernst nehmen, und drittens ist er ja bei uns. Ganz am
Ende, fürs brave Dabeibleiben und Hinschauen gibt es etwas Süßes,
ein Kulturschmankerl oder eine Kuriosität. Kein Grund zur Be-
unruhigung, das Wetter. Der Tag ist geordnet, die Welt für heute be-
wältigt – für alle, die wieder dabei waren. Morgen abend, Freunde,
um 22.30 Uhr sehen wir uns wieder. Ganz gleich, was bis dahin
geschehen sein wird, wir werden es an der Hand des großen Mannes
gewiß wieder schadlos verdauen.

Wortgefechte waren weiland in letzter Zuspitzung das Inszenierungs-
rezept des *Heißen Stuhls*. Sie finden sich als ironisches Spiel im Rah-
menprogramm von *Kontraste* (ZDF) und als Teilelement größerer
Stücke in vielen politischen Sendeformaten. Ihr Effekt besteht darin,
verständigungsorientierte Wendungen im Gespräch zu verhindern,
damit der Show ein Höchstmaß an Spannung einverleibt werden
kann. Die Kontrahenten werden von einem »Moderator« zur maximalen Konfrontation ihrer Reden und Gegenreden angestiftet; ein
natürliches Gespräch würde nur in den Affekten des heftigen Strei-
tens während einer Beziehungskrise so verlaufen.

Unterhaltungsartistik in der Politik ist meist ein harmloses Vergnügen,
bei dem Scherz und Witz, Klamauk und Komik, private Geschichten
oder ein wenig Zirkus, Musik und Spiel die Hauptsache sind, ein
Politiker, vielleicht mit seiner Frau als natürlicher Person, wie es
scheint, oder ein politisches Thema, wenn es denn sein muß, werden
als leichte Beigabe zugemischt, ohne daß die Sache ernst
werden darf. Politik als Politik kommt dabei nicht zur
Sprache, *Wetten daß ...?*

Talk im Turm ist eher ein *Sozialrollendrama* denn eine
Informationssendung oder ein politischer Dialog, wie
es dem eigenen Anspruch der Sendung zufolge den

Anschein haben könnte. Kein Thema wird ausdiskutiert, selten auf Handeln orientiert. Der Moderator und die Kameraführung, die eher die Mimik, die Gesten und den sprechenden Körper der angesprochenen als der sprechenden Person ins Bild bringen, mühen sich, die nach ihren repräsentativen Sozialrollen eingeladenen Gäste stets dann, wenn ein wenig Verständigung droht, in das Klischee ihrer sozialen Rolle zurückzustoßen. Der soziale Rollenkonflikt, wie er in der Gesellschaft strukturell vermutet wird, muß auf Anweisung der Regie als Verhältnis zwischen natürlichen Personen nachgespielt werden.

Die *Symbolhafte Tat* wird uns als *Verdichtung* wirklicher Sinnzusammenhänge durch das Handeln des »tätigen Körpers« vorgezeigt, wenn wie beim Kniefall des Bundeskanzlers *Willy Brandt* vor dem Warschauer Ghetto-Denkmal den Zuschauern eine Haltung oder eine Einstellung vorgeführt oder vorgeschlagen werden. Sie wird zur *leeren Scheinpolitik*, zur reinen *Politik als ob*, wenn der »tätige Körper« des politischen Akteurs eine Handlung spielt, die in der politischen Welt nicht vollzogen wird, wie bei der Moskau-Reise des Staatssekretärs *Schmidbauer* im Sommer 1994.

All diesen Mustern aus dem großen Repertoire der Inszenierungsmodelle eignen Züge der Logik des Theaters, bei den einen überwiegt die Inszenierung von Spannungsverhältnissen, während andere die Körpersprache exzessiv nutzen und von daher auch ihre Wirkung beziehen. Sie alle sprechen die Sinne an und wecken Emotionen. Und sie alle sind, wenn sie gut gemacht und gebracht werden, unterhaltsam. Pauschalisierender Kulturkritik gilt schon Unterhaltsamkeit als Ausdruck der unwiderstehlichen Macht der Entpolitisierung.

Die symbolische Scheinhandlung, die keinerlei politische Logik  aufnehmen und transportieren kann, wird besonders häufig produziert. Alle anderen Modelle können entweder als bloße mediale Formalinszenierung politisch gehaltlos sein *oder* das Politische ästhetisch transformieren und mit ihren eigenen Mitteln informativ und argumentativ zur Geltung bringen.

Zwei Beispiele verdeutlichen den Unterschied. Die Inszenierung der Personifikation einer politischen Tugend wie Entschlossenheit, wenn sie denn für sich genommen eine ist, kann bloß durch Bilder gestellt sein, denen nichts an der natürlichen Person des dargestellten Politikers entspricht, und sie kann seine natürlichen Eigenschaften werbend bloß überhöhen. Beides erweist sich jedoch nicht im Augenblick der Präsentation der Bilder, sondern erst in der andauernden Betrachtung wirklichen Handelns, die die Medien gerade wieder erschweren. Eine Gesprächsrunde im Fernsehen kann in der Konzentration auf Rede und Gegenrede einen Sachverhalt verständlich machen oder den bloßen Schein der Verständlichkeit erzeugen, weil letztlich die Unterhaltungsregie der Stimmen, Gesten und Gebärden das Geschehen bestimmt und die Eindrücke prägt, die sich der Zuschauer davon macht.

Die Formen der Synthese aus Medienästhetik und Politik sind nahezu unbegrenzt, sie können dem Verständnis des Politischen weit entgegenkommen oder massiv im Wege stehen. Das politische Geschehen der Gegenwart und seine mediale Spiegelung erwecken den Eindruck, als sei der Verzicht auf politische Substanz die oberste Inszenierungsregel. Die *Rote-Socken-Kampagne*, die in Bonn im Mai 1998 kurz nach der Landtagswahl in Sachsen-Anhalt als *Rote-Hände-Kampagne* wiederaufgelegt wurde, führt penetrant vor Augen, wie aus rein gar nichts auf der realen Programm- und Handlungsebene ein Drama von Bedrohung und Errettung gemacht werden kann, das Politik inszeniert und ein Teil der Medien pur transportiert. Das Wahlplakat mit dem Händedruck, den Namen SPD und PDS sowie dem Slogan »Aufpassen Deutschland«, das die Gefahr einer linken Volksfront signalisieren soll, ist wegen der willkürlichen Instrumentalisierung falsch gedeuteter Geschichte infamer als die *Rote-Socken-Kampagne*.

Auch Stücke, in denen sich Politik als Politik zur Geltung bringt, lassen sich als unterhaltsame, gar spannende, dabei zugleich informative und argumentative

Inszenierungen aufführen.[43] Das hohle Theater der Politik kann nur das Resultat von Inkompetenz, Ohnmacht und Unverantwortlichkeit der Politik, mangelnder Professionalität und Berufsethik der Medien sowie allzu knapper Produktionszeiten sein – oder liegt es bloß am Geschmack des Publikums, daß gehaltvolle Synthesen aus Politik und Medienästhetik selten zu sehen sind?

Spurentilgung. Theater als Nicht-Theater, Politik als ob

In der Art der Inszenierung, im Agieren der Darsteller, im vorbedachten Gebrauch der Körpersprache, im Einsatz der Requisiten, Kulissen und Räume der Aufführung mit ihren semiotischen Botschaften hat sich das Theater der Politik dem eigentlichen Theater auf den elektronischen Bühnen immer stärker angenähert. Gewiß, in der Konsequenz der Darstellung, im Talent der Darsteller, in der Qualität und ästhetischen Stringenz der Stücke, die zur Aufführung gelangen, bestehen weiterhin wahrnehmbare Kontraste. Der eigentliche Unterschied zwischen Bühnen-Theater und Politik-Theater resultiert jedoch aus dem ontologischen Status in der Kultur ihrer Zeit und dem dadurch bedingten Wahrnehmungsmodus ihrer Aufführungen.

Während das kulturelle Modell des Theaters durch das ostentative Vorzeigen einer Situation charakterisiert ist, lebt das bisher praktizierte Modell der Politik als Theater von der gelungenen und lückenlosen Dissimulation. Bühnen-Theater, das verschleiere, daß nur gespielt wird, könnte nicht mehr als Selbstreflexion einer Kultur begriffen werden und müßte deshalb seine Wirkung einbüßen. Politisches Theater hingegen, das erkennen läßt, daß es nur spielt, was es zeigt, verfehlt nicht nur gänzlich den kulturellen Sinn, um dessen Produktion es ihm allein zu tun ist, sondern erzeugt das Gegenteil der beabsichtigten Wirkung. *Das Theater der Politik muß systematisch von sich als Theater ablenken, um wirken zu können.*

Wenn plötzlich ein Bühnenarbeiter den Inszenierungsraum des
Theaters betritt, um die ausgefallene Beleuchtung zu reparieren, wird
die Bühne unweigerlich zum profanen Funktionsraum, die Schauspieler stehen als natürliche Personen in der Rolle von Schauspielern
darin und nicht als die Personen, die sie darstellen. Wenn das Spiel
weitergeht, tritt die Suggestion des Theaters wieder in Kraft und mit
ihm das Bewußtsein des Als-ob, das die kulturelle Selbstreflexion auslöst.

Wenn der politische Rollen- oder Handlungsdarsteller, während er
seine vorbedachte Inszenierung abspult, sich in der Manier eines pro-
benden Schauspielers unterbricht, um beispielsweise eine Geste zu
wiederholen, weil sie ihm beim erstenmal nicht wie beabsichtigt gelungen ist, oder wenn Regiegespräche eingeblendet werden, die den
Darstellungscharakter der Aufführung illustrieren, ist sie, die gerade
die Wahrhaftigkeit eines Anspruchs besiegeln sollte, automatisch als
Publikumstäuschung enttarnt. Das Spiel kann danach nicht fort-
gesetzt werden. Als Parodie eingesetzt, entlarvt eine solche Auf-
führungspanne die wahre Substanz einer Botschaft.

Das Sichtbarwerden des Als-ob widerlegt den Authentizitäts-
anspruch des Theaters der Politik, den es beim Bühnentheater gerade stiftet. Die Pose der Entschlossenheit, das Tremolo höchster
Erregung, die Geste des Zorns oder des Betroffenseins, die herzliche
Umarmung von Freunden, die Bilder des Handelns bei Treffen,
Einweihungen oder Reisen richteten sich gegen ihre authentizi-
tätssichernde Rolle, wenn die Absicht, die sie bemüht, auch nur
vage erkennbar würde. Das Drehbuch des Parteitags, das den Journalisten in die Hände geriet, verlieh dem erhabenen Ereignis eine Spur
von Lächerlichkeit. Die nachträgliche Veröffentlichung des Dreh-
buchs richtete allerdings nur geringen Schaden an, da seine Existenz
außer den professionellen Kritikern und einer
kleinen Schar von Hellhörigen niemand interessierte.

Der Prozeß der Dissimulation des Theaters der

Politik wird durch das Zusammenwirken von drei Mechanismen bestimmt, deren synergetischer Effekt nur in Ausnahmefällen durchbrochen werden kann. Der eine resultiert aus der *Taktilität* des Fernsehens, durch die es tendenziell nicht als Medium wahrgenommen
wird und nicht nur wie ein Fenster zur Welt wirkt, sondern wie ein
Greifarm, der den Zuschauer als Zeugen mitten in das gezeigte Geschehen versetzt. Der zweite besteht in der Symbiose von Politik und
Medien, die sicherstellt, daß die Massenmedien in aller Regel das
theatrale Geschehen als politisches Realgeschehen in Szene setzen.
Der dritte schließlich ergibt sich daraus, daß die Übergänge zwischen
leichten Graden der Inszenierung, die Realhandlungen nur expressiv
hervorheben, und reinen Placeboinszenierungen in der politischen
Welt fast immer fließend sind und sich nur erschließen, wenn die Aufführungen kontinuierlich analysiert und mit den tatsächlichen Hand-
lungsfolgen verglichen werden. Dazu aber haben Medien und
Publikum kaum je Zeit und Gelegenheit.

Eventpolitik. Ereignis als ob

Event ist ein Begriff aus der Medienwirkungsforschung, der in den
Sprachgebrauch der politischen Planungsstäbe als immer gegenwär-
tiges Appellwort eingegangen ist. Die Entdeckung, daß Geschehnisse
oder Sachverhalte als Ereignis inszeniert werden müssen, um zu
Nachrichtenfaktoren zu werden, machte Politik und Medien zu Part-
nern einer schicksalsträchtigen Beziehung. Eventpolitik, die planvolle
Erzeugung von Scheinereignissen, ist eine der Grundstrategien von
Politik und politischer Kommunikation in der Mediengesellschaft,
denn was nicht zum Event werden kann, bleibt ein *Nichts*. Das
Pseudoevent ist in der Medienforschung seit den fünfziger Jahren
eine feste Größe.[44] Es war eine der ersten großen Verbeugungen der
politischen Welt vor den Mediengesetzen.
    Heute weiß jeder Lokalreporter ebensogut wie jeder halbwegs auf-

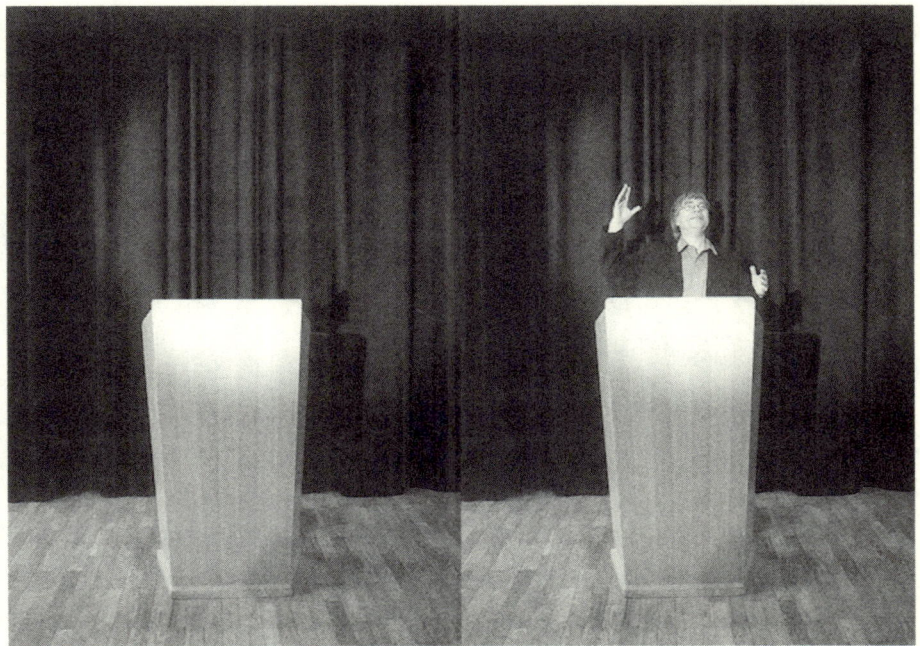

Der Pantomime Christian Müller spielt die Eigenschaften,
die das Publikum schätzt.

geweckte Laienpolitiker, daß beispielsweise der Vorschlag einiger
Bürger, an einer Stelle der Straße endlich einen Zebrastreifen zu markieren, keine Nachricht wert wäre, eine Aktion der Betreffenden aber,
bei der sie die Straße blockieren und provisorisch die Markierung vor-
nehmen, als Ereignis gemeldet würde.

Die Grenze zwischen Scheinereignissen, die man sofort durch-
schaut, und solchen, die erfolgreich von ihrer Scheinhaftigkeit
ablenken, ist fließend. Das Repertoire, aus dem für ihre Inszenierung
geschöpft werden kann, kennt kaum Grenzen.

Alle politischen Stäbe beherrschen heute das kleine Einmaleins
der politischen Inszenierungskunst. Sie arbeiten den Medien in
die Hände, ob sie nur die geeignete Verpackung oder gut verpackte
Luftnummern offerieren. Die Medien können, wenn ein Ereignis
oder ein entsprechend aufbereitetes Nicht-Ereignis ihnen mund-

gerecht dargeboten wird, in dem Bewußtsein zugreifen, nur ihrer Berichtspflicht nachzukommen. Mitunter ist das Dementi, wenn die Scheinhandlung spektakulär enthüllt wird, selber wieder eine bevorzugte oder gar spektakuläre Nachricht. Die Mediengesetze und das Darstellungsinteresse der Politik verwachsen zu einem Syndrom. Es wird zum Ding an sich in der Welt des ästhetischen Medienscheins, zum verborgenen Produktionszentrum ästhetischer Politik ohne jegliches Verschwörungsgeschehen. Dieser Schöpfungsakt ähnelt in seiner Struktur der Tat des Barons von Münchhausen, der fundamentale Unterschied besteht darin, daß weder im Ereignis selbst noch in seiner Beschreibung Lügen enthalten sind.

Für die Wahlkampfplaner aller Parteien geht es vor allem um die Erzeugung einer symbolisch eindrücklichen Reihe von *Events*. Erst wenn der Kandidat unter dem Blitzlichtgewitter der Fotografen und Kameraleute beim renommierten Wirtschaftsboß vorfährt, wird das Gespräch, über dessen Inhalt das Publikum meist nicht das geringste erfährt, zum Ereignis und damit zur politischen Nachricht. Was sich dabei wirklich ereignet hat, bleibt stets ganz im Dunkeln: Ob der

Topmanager dem Politiker die Leviten gelesen, mit ihm belanglos geplaudert, ob der eine dem anderen Zusagen gemacht oder Drohungen
übermittelt hat.

Erst wenn der Rivale den Amtsinhaber wiederholt bloßstellt, verdeckt, minimal und schon auf das leichte Dementi hin kalkuliert, wird
ihre Differenz zum Ereignis, weil ein Konflikt zwischen Mächtigen
immer das Interesse der Medien und den Weg zum Publikum findet.
Machtverlagerungen in Parteien, die der Transport des Scheinereignisses in die Öffentlichkeit überhaupt erst möglich gemacht hat, werden plötzlich wie im Brennglas sichtbar.

Der Wirtschaftsminister, der vielleicht gemäß seiner Philosophie,
nach der die Wirtschaft ohnehin in der Wirtschaft und nicht in der
Politik stattfinden soll, durch keinerlei berichtenswerte Taten Aufmerksamkeit erregt, kann kraft seines Amtes von Fall zu Fall das
größere Scheinereignis einer Pressekonferenz schaffen. Selbst wenn
er dort nur sagt, daß von ihm nichts weiter zu erwarten ist, weil ja die
Wirtschaft in der Wirtschaft geschieht, macht das geplante Scheinereignis das Nichtstun zur Tat.

In aller Welt ist neben dem Bäumchenpflanzen, bei dem der Akteur sogar zum Spaten greift, die Einweihung eines der beliebtesten Scheinereignisse. Eine Einweihung ist wie die Geburt eines Kindes immer ein freudiges Ereignis, das in Ästhetik und Symbolgehalt stets mit dem Schöpfungsritual korrespondiert und oft wie die Neueröffnung einer Fabrik mit einem großen Versprechen verbunden ist, das sich unmittelbar einzulösen scheint. Damit macht sich der Handelnde, der meist zum wirklichen Geschehen nicht mehr beigetragen hat als diesen Akt der Usurpation, zum mythischen Schöpfer-Helden, der in der Welt einen neuen Anfang setzt. Für diesen Effekt eignen sich sogar rückbezügliche Scheinereignisse wie Jubiläen und Gedenkfeiern. Der Zwillingsauftritt von *Clinton* und *Kohl* beim 50. Gedenktag der Berliner Luftbrücke im Mai 1998 hat beide durch seine Inszenierung in starken Bildern, in der sie sich als Teilhaber des Geistes der damaligen Helden darstellten, zu einer Art rechtmäßigen Mit-Helden werden lassen.

Imagepolitik. Personifikation als ob

Image ist ein Scheinereignis auf dem Gebiet der Ethik.[45] Diese paradigmatische Einsicht gab der amerikanische Historiker *Daniel Boorstin*, einer der großen Pioniere der Erforschung der Mediengesellschaft, schon in den sechziger Jahren zu Protokoll. *Image* ist demzufolge ein durch wohlkalkulierte Scheinhandlungen inszeniertes Kunstprodukt, durch das eine natürliche Person als *Personifikation* von Eigenschaften hingestellt wird, die in der Ethik ihres Gemeinwesens als besonders wertvoll gelten. Die Meinungsforschungsinstitute befragten im Mai 1998 die deutschen Wählerinnen, ob sie eher Kohl oder Schröder die ethischen Ideale der *Glaubwürdigkeit* und *Tatkraft*, der *Sympathie*, des *Verantwortungsbewußtseins* und der *Ehrlichkeit* zuschrieben. Bei anderen Gelegenheiten wurde nach wirtschaftlicher, sozialer und Führungs-*Kompetenz* gefragt. Entscheidender als solche einzelnen Tugenden

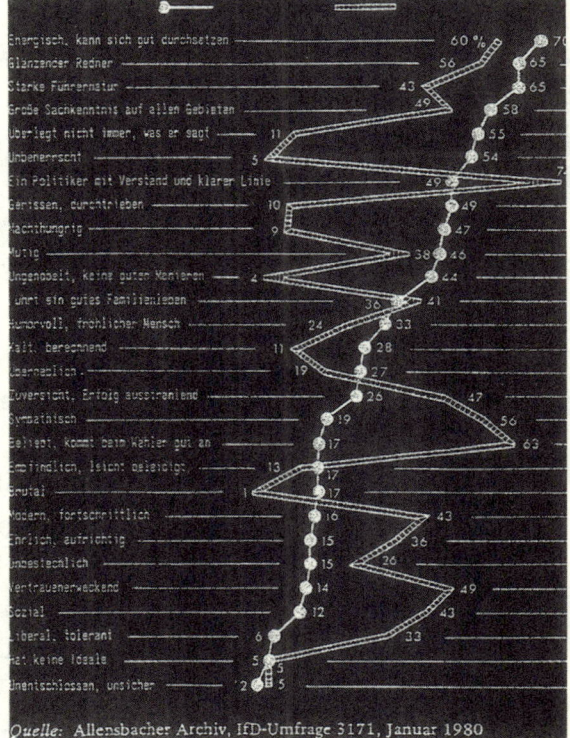

Quelle: Allensbacher Archiv, IfD-Umfrage 3171, Januar 1980

dürfte für das Bild des politischen Akteurs in der Öffentlichkeit und seine Chancen beim Wähler indessen sein Gesamteindruck sein und dessen Nähe zu archetypischen Heldengestalten.

Die Politiker und ihre Berater stellen sich, so professionell sie eben können, darauf ein. Wenn sie klug sind, produzieren sie nicht wie der Maler, der die blanke Leinwand vor sich hat, eine Schöpfung nach eigenen Gesetzen, sondern bauen an und um, forcieren und schwächen ab, was die natürliche Person mitbringt für die Verkörperung der Ideale auf der Medienbühne. Sie ersinnen Bilder und Posen, Begegnungen und Situationen, Episoden und Kulissen als Mosaiksteine von Scheinereignissen, die sich zum Gesamtbild des Scheinereignisses in der Vorstellung des Publikums zusammenfügen:

Der Held als Gleicher unter den Helden dieser Welt. Der Held im Gespräch mit den Alten und Gebrechlichen. Der Held als Bezwinger der Scharen von Widersachern im eigenen Lager. Das Körperbild der Ruhe, Energie und Entschlossenheit. Die gemessene Körperbewegung der Ruhe und Besonnenheit. Der göttliche Zorn des Gerechten. Der Vertraute der Wirtschaftsbosse, Künstler und Medienstars.

In grotesker Überspitzung hat Benito Mussolini so gut wie alle Varianten der Verkörperung idealer Eigenschaften in einer fast mechanisch wirkenden Theaterrealität durchgespielt und auf Postkarten unter das Volk gebracht. Der charismatische Führer als ideale Gesamtverkörperung seines Volkes in der Rolle als Held, Soldat, Erntearbeiter, Philosoph,

Tröster, Bestie, Künstler, Staatsmann.[46] Der charismatische Wahn, der ihn zu dieser Maßlosigkeit verführte, wäre freilich in der Demokratie zumal nach der Erfahrung mit Nationalsozialismus und Faschismus das sichere Aus für jeden politischen Rollenanwärter.

Je intensiver der Akteur die genannten Eigenschaften mittels seiner Körpersprache darzustellen vermag, und zwar insbesondere in Situationen auf den Hinter- und Nebenbühnen, um so zwingender hält das Publikum sie für echt. Die theatralische Hauptstrategie der Imagepolitik ist das Verwirrspiel der Bühnen. Dabei wird den Bildern, die den Verkörperungsanspruch einlösen sollen, dadurch besondere Glaubhaftigkeit verliehen, daß sie sehr privaten, natürlichen Situationen entstammen sollen, die gar nicht auf öffentlichen Eindruck abzielen können.

Das Szenario der symbolischen Scheinpolitik verbindet Image und Scheinereignis in körperlich durchgespielten Handlungsepisoden. Notfalls, wenn der Körper selbst nicht mehr zum Sprechen zu bringen ist, wie bei den siechen Häuptern des untergegangenen Sowjetreiches oder beim derzeitigen Präsidenten Rußlands, kann er auch ganz der Prachtkulisse staatlichen Herrschaftsglanzes einverleibt werden, um wenigstens noch als Ornament in der Machtkulisse zu strahlen.

Symbolische Scheinpolitik. Handeln als ob

Präsident Reagan, auf der Schulbank eines Klassenzimmers sitzend, vertieft sich vor TV-Kameras scheinbar mit Lehrern und Schülern ins Gespräch und setzt *für die Augen der Betrachter* das größte Interesse am Bildungswesen des Landes in Szene, während er in Wirklichkeit soeben den Bildungsetat drastisch gekürzt hatte.

Staatssekretär Schmidbauer inszenierte 1994 eine Reise nach Moskau im großen Stile, um dort vorgeblich die Quellen eines hochgefährlichen Uranschmuggels entschlossen an Ort und Stelle zu versiegeln, obgleich er, wie spätere Recherchen zeigten, dort ungebremst ins Leere lief.

Zwei klassische Beispiele symbolischer Scheinpolitik, die sich in ungezählten Varianten überall wiederholen, wo politische Akteure Handlungen ins Bild setzen und als solche reale Erfahrungen vorspiegeln, während in der Welt der Realhandlungen gerade unterlassen wird, worauf die Bilder verweisen. Solche Art symbolischer Politik ist Placebopolitik zu Verstellungszwecken.[47]

Die Einweihung von Fabriken und das Zusammentreffen mit Repräsentanten der Gesellschaft, Wirtschaftsführern, Wissenschaftlern sind beliebte Episoden zur Erzeugung symbolischer Placeboeffekte. Symbolisches Handeln in diesem Sinne benutzt nicht Symbole, um politisches Handeln zu vermitteln, es übernimmt vielmehr selbst die Rolle eines Symbols, um wie jedes Symbol auf Nichtanwesendes zu verweisen.

Als theatralisches Scheinhandeln stellt symbolische Politik ein Handeln zur Schau, das nicht wie real fungierende Symbole etwas Wirkliches verdichtet oder auf etwas Wirkliches authentisch verweist. Symbolische Politik ist infolgedessen ein *strategisches Handeln*, das keine Argumente bietet und keine wahrhaftige Beziehung zwischen seinem ästhetischen Schein und seinem realen Wesen kennt, obgleich sein Schein gerade eine solche Beziehung sinnlich-bildhaft, mit den Mitteln des tätigen Körpers, vor Augen führt, ohne im diskursiven Sinne irgend etwas zu behaupten. Eine Handlungsepisode wird so gespielt, als wäre sie die Realhandlung, und verwischt die Zeichen des Spiels. Symbolische Politik ist eine strategische Form politischer Kommunikation, die nicht auf Verständigung zielt, sondern durch Sinnestäuschung Gefolgschaft produzieren will. Sie lebt von dem Kurzschluß von *Darstellung* und *Vorstellung* ihrer Politik, den sie kunstvoll in Bildern inszeniert.[48] Aus zwei Gründen nimmt sie in einem irritierenden Ausmaß zu. Der eine resultiert aus den Nöten der Politik: Einerseits sind ihr in den komplexen Gesellschaften der Gegenwart mit der immer größeren Verselbständigung der sozialen Funktionssysteme enge Grenzen zur Gestaltung gesetzt, andererseits wähnen sich die meisten Politiker in dem Zwang, gegenüber dem Massenpublikum, auf dessen Loyalität sie angewiesen sind, Zuständigkeit und Verantwortung für alles übernehmen zu müssen, was in der Gesellschaft geschieht. Auch Handlungsblockaden, die das politische System selbst erzeugt, müssen für das Publikum, das die Lösung der großen Probleme erwartet, überspielt werden. All dies gelingt nur noch als Inszenierung des Scheins tätiger Politik durch das Erzeugen von Bilderbögen tätiger Politiker-Körper. Der andere Grund liegt im

unstillbaren Hunger der Medien nach politischen Ereignissen, die sich ohne weitere Investitionen für ihre Bühnen eignen.

Symbolische Politik in der Mediendemokratie ist – wie bereits dargelegt – strategisches Handeln zu politischen Zwecken. Es entsteht ein »schöner Staat«, in dem Politiker unter Ausnutzung der Brückenköpfe der visuellen Medien in der Lebenswelt der Bürger eine Politik darstellen, die nicht stattfindet, einen Augenschein von politischem Geschehen erzeugen, der an die Stelle von Realhandlungen tritt und verdeckt, wo sie ausbleiben.

Symbolische Politik als Scheinpolitik hat es zu allen Zeiten gegeben. Pilatus' Handwaschung, König Heinrichs Gang nach Canossa und andere historische Beispiele beschäftigen die öffentliche Phantasie bis heute ebenso wie ihre modernen Nachspiele.

Die *Inszenierung einer Regentschaft* als durchkomponiertes Megatheater durch Louis XIV. und seine findigen Helfer ist ein Beispiel für die lange vor der Existenz der elektronischen Massenmedien unternommenen systematisierten Versuche, der Bevölkerung falschen Ruhm durch die sinnfällige Symbolisierung erfundener Handlungen einprägsam und mit der Überzeugungsmacht ikonischer Zeichen vor Augen zu führen.

Peter Burke hat durch detaillierte Recherchen das System bloßgelegt, das *Louis Le Grand* organisieren ließ, um den Mythos des Sonnenkönigs zu fabrizieren und landesweit in Form von Münzen, Triumphbögen und Standbildern visuell allgegenwärtig werden zu lassen.[49] Von der Zeremonie des morgendlichen Sicherhebens vor geladenen Gästen über die systematische Organisation gelenkter und vereinheitlichter Geschichtsschreibung über wirkliche, halb- und ganzerfundene Taten und die grandiosen Gemälde, die den König als Freund der Götter und Nachfahr antiker Heroen porträtierten, bis hin zu einem beinahe flächendeckenden Netz von Ikonen in vielerlei Form, die im abge-

stimmten Gesamtplan der Regie auch den Provinzen zeigen sollten, als
was der Herrscher gesehen werden wollte, reichte das Netzwerk einer
alle Sinne blendenden Inszenierung dieser Regentschaft als Mythos.

Burke verweist auf frappierende Ähnlichkeiten dieser vormodernen
Inszenierung mit den Selbstinszenierungen von Politik und Politikern
im zwanzigsten Jahrhundert: »Diese Ähnlichkeiten ... erinnern uns
nicht nur an die Bedeutung, die Rituale, Mythen und Symbole zu
allen Zeiten in der Politik gehabt haben, sondern auch an die Konti-
nuität von bestimmten Mythen und Symbolen der abendländischen
Gesellschaften. Am deutlichsten ist dieser Unterschied im Bereich
der Technik. Ludwig wurde in der Öffentlichkeit mit Hilfe von
Druckerzeugnissen, Statuen und Medaillen präsentiert, während die
Herrscher in zwanzigsten Jahrhundert sich immer stärker auf Foto,
Film, Radio und Fernsehen stützen. Die neuen elektronischen Medien produzieren neue Bedingungen.«[50]

Wichtiger als die veränderten technischen Möglichkeiten erscheint
Burke zu Recht der Unterschied im Legitimations*modus* der Politik, die
inszeniert werden soll. Ludwig XIV. repräsentierte Gott und die Na-
tion. Er brauchte das Volk nicht von der Legitimität seiner Herrschaft
zu überzeugen. Er konnte sie in überirdischem Glanz erstrahlen lassen,
um die Wirkungen zu erzielen, die er brauchte. Mit Durchsetzung der
Massendemokratie hingegen wird das Volk zum Adressaten einer Propaganda, die es von der Legitimation zeitweiliger Herrschaft erst überzeugen muß. »Seitdem ist die Organisation der Überredung noch dif-
ferenzierter und raffinierter geworden, vor allem in den Vereinigten
Staaten, dank der Kombination aus Präsidialverfassung, demokratischen
Wahlen und einem Interesse an neuen Kommunikationstechniken.«[51]

Die *Verbindung von demokratischem Legitimationsmodus, visuellen Kommunikationstechniken und Politik als Starsystem* hat die Möglichkeiten und

Wirkungen symbolischer Politik von Grund auf verändert.[52] Auch in Demokratien, die sich nicht auf einen einzigen Staatsdarsteller an der Spitze konzentrieren können, sondern das Augenmerk auf ein vielgestaltiges Starsystem politischer Akteure lenken müssen, prägen Verkörperungen und ihre perfektionierte bildliche Repräsentation die symbolischen Inszenierungen, die Rede kann auf begleitende Spurenelemente reduziert werden. Eine neue Qualität strategischer Kommunikation bürgert sich unter dem Deckmantel gefälliger Unterhaltsamkeit ein.

Gewiß hat alles politische Handeln stets auch eine expressiv symbolische Seite und muß sie haben, damit das Gemeinwesen zusammenhält.[53] Jedes neue Gesetz ist auch eine symbolische Beschwörung der zugrundeliegenden Normen, und ein Gesetz, das etwas unter Strafe stellt, das es in der Praxis nicht zu verhindern vermag, ist zwar nichts als symbolische Politik, doch nicht in jedem Falle ein Schaden. *Symbolische Expressivität* kann in Erlassen, Reden und Handlungen bestehen. Und wenn ihre Absicht und ihre Wirkung nicht auf Täuschung beruhen, sondern Aufmerksamkeit bündeln, Motive wachrufen, Handeln anregen, so ist sie ein legitimes und oft produktives Mittel der Politik, solange sie nicht selber die Stelle diskursiver Legitimation okkupiert.

Je größer die Widersprüche zwischen der illusionären Selbstdarstellung des souveränen Staates durch seine Repräsentanten und deren realen souveränen Handlungschancen sind, um so größer ist die Verführung, die entlegitimierende Lücke durch eine inszenierte Schaupolitik zu schließen. Das Risiko, auf frischer Tat oder von der ge-

 nauen Erinnerung ertappt zu werden, ist gering, denn aufgrund der prinzipiellen Distanz von großer Politik und Lebenswelt im Medienzeitalter kann der einzelne nur noch von Fall zu Fall Leistungen und Wirkungen des politischen Systems unmittelbar er-

fahren. Symbolische Politik steht als Lückenbüßer des faktischen Sou-
veränitätsverfalls wirksam und fintenreich zu Diensten. Für *Niklas Luh-
manns* Systemtheorie ist gerade das die funktionale Antwort auf die
neuartige Überforderung des politischen Systems. Aus der verfrem-
deten Perspektive des systemtheoretischen Blicks sind symbolische
und reale Politik im ganzen gesehen nichts weiter als funktionale Äqui-
valente für die politische Integration des gesellschaftlichen Systems.

Der Unterschied für das Politische ist freilich ein prinzipieller. An
die Stelle von Verständigungshandeln, Urteilskraft und Gemein-
schaftspraxis setzt die Ästhetik symbolischer Politikinszenierung den
in strategischer Absicht erzeugten Schein. Dieser Schein verhüllt wie
ein undurchdringlicher Nebel alle klaren Konturen möglicher Verständigung im politischen Raum.

Die Ikonographie des Fernsehdiskurses lädt zur mediengerechten
Selbstinszenierung ein: Der Politiker kann sich gleichsam selbst zum
Symbol machen. Und sie bietet für symbolische Inszenierungen im
großen Stil eine unübertroffene Bühne, auf der jeder Kunstgriff wie
ein Bericht aus dem Leben wirken kann, wenn sich einer darauf ver-
steht. *Ronald Reagan* hat dies in einer fortwährenden Glanzshow per-
fekter Bilder entschlossenen Handelns, wie es schien, idealtypisch
demonstriert. Die vielen kleinen Bühnen hierzulande bleiben hinter
diesem Maßstab zurück. Aber sie holen auf. Das Wahljahr 1998 erweist sich als Meilenstein auf diesem Weg.

Symbolische Politik wird im Fernsehzeitalter zur ästhetischen Form
strategischer Kommunikation. Sie wirkt in elementareren Bereichen
als denen des Diskurses und der Überredung. Sie überzeugt durch die
Indienstnahme der Wahrnehmung für die Urteilsbildung des Bürgers.

 Sie setzt auf die Steuerung der Sinne durch
die Bilder, die häufig an die Stelle von Infor-
mation, Interpretation, Argument und Diskurs treten. Sie nutzt den Doppeleffekt von
Visualisierung und Unterhaltsamkeit. Für
Dauerkunden der elektronischen Medien

sind beide ebenso schwer voneinander zu unterscheiden wie die Medienrealität und das, wofür sie zu stehen beansprucht. Ideologien, die großen interessegeleiteten diskursiven Weltbilder und auch die Lüge werden entbehrlich.

Symbolische Als-ob-Politik als ästhetische Inszenierung unterläuft die Urteilsfähigkeit der Bürger frontal, aber sie läßt sich nicht dingfest machen, weil sie den »essentialistischen Fehlschluß« der Abbildlichkeit systematisch plant und sich in schwer entwirrbaren »Politiker-Medien-Symbiosen« vollzieht, da Journalisten wie Politiker auf die universelle Wirksamkeit der Nachrichtenfaktoren und das Interesse des Fernsehens an attraktiver Bildlichkeit setzen.[54] In diesem Wechselspiel sind Politiker und Medien füreinander imaginäre Realität; aus der gegenseitigen Realitätsunterstellung geht am Ende die Realität als Weltbild der Medien hervor. *R. Schwartzenberg* fand für dieses Ritual, in dem die ganz unterschiedlichen Interessen in scheinbarer Harmonie vereinigt sind, schon in den siebziger Jahren den anspielungsreichen Begriff des *Theater-Staats (L'Etat Spectacle)*[55]. Die Politiker gewinnen Öffentlichkeit als scheinbare oder wirkliche Bedingung ihrer Legitimation; die Medien gewinnen Auflage und Zuschaltquoten und, wenn sie ehrgeizig sind, auch Einfluß und Macht; das Publikum gewinnt Unterhaltung und den Anschein von Orientierung – solange das Ganze sich verkaufen läßt.

Verwirrspiel. Hinterbühne als Vorderbühne

Die elektronischen Bühnen des Fernsehens werden nicht nur durch die Bildlichkeit und die kurzen Frequenzen des Bildwechsels konstituiert, sondern durch zwei weitere Eigenarten: die theatralisierende  Präsentationslogik, die Aufmerksamkeit und Kohäsion des Zuschauers zum eingeschalteten Programm gewährleisten soll,

und die beinahe grenzenlose Flexibilität bezüglich der Handlungsorte,
Distanz zum Objekt und Perspektive der Aufnahme. Die Fernseh-
kamera kann prinzipiell immer dabeisein, und sie ist zumeist hoch-
willkommen – wo, in welcher öffentlichen, privaten, halböffentlichen,
intimen oder unbestimmten Situation auch immer: ob im Parlaments-
plenum debattiert, in seinen Rängen geplaudert oder in seiner Lobby
kommentiert wird, ob der Akteur staatsmännisch vor der offiziellen Kulisse seines Arbeitszimmers Stellungnahmen abgibt, in der Staatska-
rosse vorfährt, sich ins Gruppenbild seiner Kollegen eingliedert, sich in
seinem Urlaubsort erholt, auf Reisen mit seiner Familie oder wem auch
immer spazierengeht, ob er mimisch auf die Rede eines Konkurrenten
reagiert oder nicht, ob er den einen freundschaftlich am Arm faßt oder
mit dem anderen den Kopf zu vertraulicher Beratung zusammensteckt,
ob er ein aufgewecktes und interessiertes oder abwesendes und dum-
mes Gesicht macht in einem bestimmten Moment auf einem Parteitag, in einer Talk-Show, in einer Quiz-Sendung, beim unverhofften Zusammentreffen mit seiner Frau, seinem Gegner, seinem Vorsitzenden.

Das Fernsehen hat, wie der amerikanische Fernsehtheoretiker
Joshua Meyrowitz zeigt, aus den genannten Gründen keinen Sinn für
Ort und Gelegenheit.[56] Es bedient sich überall und prinzipiell auf gleiche Weise, wo nach seinen Regeln präsentable Bilder locken, und
nivelliert die Gelegenheiten. Es zeigt fast eine Minute lang, wie die
Leiche eines amerikanischen Soldaten von Gegnern als Trophäe
durch den Straßenstaub des afrikanischen Dorfes gezerrt wird, weil
das Bild es hergibt, es zeigt viele Minuten lang, wie der Greis auf dem
Papstthron seine Oster-Botschaft mühevoll verliest, weil das Ritual es
verlangt, wie der Kanzler auf der Regierungsbank Vorwürfe des
Oppositionsredners mimisch kommentiert oder an sich abgleiten läßt,
wie er die Staatsmänner der Welt majestätisch, fast huldvoll vor der

Staatskulisse seines Amtssitzes empfängt, mit Freunden trinkt und
ißt, das eine Mal müde und erschöpft, das andere Mal witzig und prä-
sent ist, enthusiastisch ihm entgegenfliegende Hände ergreift, eine
Fabrik einweiht, Kinder herzt oder als Triumphator in die Mitte der
Jubelschar der großen Festhalle einzieht.

Es ist nie allein durch die Situation bedingt, ob die offizielle Pose
des Staatsmannes, seine Emotion in prekärer Lage, der private
Schlenker, den er sich leistet, die nervösen Hände, die er nicht ver-
bergen kann, oder die intime Regung, die ihm widerfährt, ins Bild gebracht werden.

Die Kamera kommt so nahe an die Körper der Akteure heran, wie
die Medienarrangeure es wollen, näher, als je ein Zuschauer und
selbst die meisten Politikerkollegen es vermögen; in der sozialen Lebenswelt lassen nur private und intime Kontakte solche Nähe zu. Oft
sind viele Kameras postiert, um alle Perspektiven zu erfassen, aus denen die Bilder interessant werden könnten. Und das Medium hat
Zeit, auf den Moment zu warten, der die öffentliche Vermittlung zu
lohnen scheint. Stundenlang wird ausgeharrt vor einem Gebäude, sei
es nun ein Amtssitz, Restaurant, Feriendomizil, oder im großen Saal.

Die berühmten geheimen Urlaubsbilder Clintons, mit Tochter und
Frau, alle im Badedreß und sich wie in einem gestellten Szenarium symbolisch zum Genrebild vollkommener Familienharmonie gruppierend,
offenbaren schlaglichtartig das Verwirrspiel der Bühnen, das sich aus
der elektronischen Schlüsselsituation ergibt. Wurde das Bild in der Erwartung gestellt, die Journalisten würden den »verbotenen« Schnapp-
schuß wagen und öffentlich machen? So hat die Szene gewirkt. Eine
Szene auf der Bühne, keinesfalls auf der Probebühne. Oder verdanken
sich die Bilder doch dem unbefugten Blick auf die Hinterbühne? Wer
spielt dort solche Szenen, solange niemand zuguckt?

Die elektronische Aufnahmeapparatur verwischt durch ihre örtliche und perspektivische Omnipräsenz den Unterschied von Haupt- und Nebenbühnen und teilweise auch den von Vorder- und Hinter-, Spiel- und Probebühne. Der lohnendste Bildmoment wird ausgewählt und nach den Gesetzen der Bildwirkung zu einem zentralen Akt auf der Hauptbühne oder zu einem Randereignis auf der Nebenbühne, ganz gleich, wie die Beteiligten diesseits und jenseits der Kameras es deuten möchten. Der Rang der Bühnen und ihre Rolle für die Selbstdarstellung des Akteurs wird erst im Moment der Bildentstehung festgelegt. Der einzelne Akteur kann nicht wie im Theater und auch nicht wie in den älteren Varianten politischer Öffentlichkeit selbst bestimmen, welche seiner Handlungen auf welcher der Bühnen vom Medium verbreitet und damit automatisch auf der Hauptbühne präsentiert wird.

Werden nach einem glanzvollen Auftritt, auf den sich ein Redner seit Wochen vorbereitet hatte, Augenblicke der Erschöpfung ins Bild gebracht, verkehren sich für ihn unweigerlich die Rollen von Hinter- und Vorderbühne. Auch wenn die Kamera die Schweißperlen auf der Stirn des Redners, gar seine hinter dem Pult nervös wandernden Beine oder seine sich an die Unterkante des Pults klammernden Hände in Großaufnahme zeigt, kann alles zunichte werden, was derjenige geprobt, inszeniert und erhofft hatte.

Dieses eigentümliche Wechselspiel der Bühnen wäre nur von begrenzter Bedeutung, würden sich die Bildbetrachter in ihrem Urteil über die präsentierten Akteure nicht weit stärker von deren Mimik, Gestik, Stimme und Bewegungsgestus im Raum beeinflussen lassen als von den Informationen und Argumenten, die der Text enthält, den sie sprechen. Ob sich der Anteil der Mimik an der Wirkung einer Person auf das Publikum tatsächlich mit exakten Zahlen ermitteln läßt, etwa den 80 %, die Meyrowitz errechnet, mag fraglich sein, alle bisherigen

Forschungen bestätigen jedoch eindrucksvoll, daß optische Eindrücke bei weitem überzeugender und nachhaltiger wirken als akustische.[57]

Gregor Gysi macht bei *Talk im Turm* oder in vergleichbaren Fernsehshows häufig einen überlegenen Eindruck. Die Analyse seiner sprachlichen und nichtsprachlichen Äußerungen nach der Sendung zeigt, daß diese Wirkung auf der Qualität des visuellen und stimmlichen Gestus seiner Vorstellung beruht und nicht auf der größeren Überzeugungskraft oder Glaubwürdigkeit seiner Argumentation. Wenn André Brie bei ähnlicher Gelegenheit dieselben Argumente genauer begründet, kommt er bei weitem nicht so gut an. Gysi spielt seinen Part eben souveräner als beispielsweise der Bürgerrechtler, der sich ihm entgegenstellen will und seine Gründe, die sich beim Nachlesen der Mitschrift überzeugend offenbaren, auf der elektronischen Bühne nicht wirkungsvoll darzustellen vermag.

Um in der Mediengesellschaft Routine und Erfolg zu erlangen, müssen Spitzenpolitiker genau wie professionelle Bühnendarsteller die eigene Art, Botschaften zu verkörpern sowie sprachliche, stimmliche und visuelle Zeichen zu vermitteln, ständig reflektieren und sich an erfolgreichen Charismatikern schulen. Im Zweifelsfall genügt es, eine Goldader bis zur letzten Unze beharrlich auszubeuten, auf die einer wie Bundeskanzler *Helmut Kohl* im jahrelangen Beharren auf einem unverhofften Erfolgsgestus doch noch gestoßen ist, als er registrierte, daß selbst gelassene Bewegungslosigkeit, die Mimesis ans Tote, in den Stürmen der Meinungskämpfe zur Erfolgsrolle werden kann.

Professionalität wie beim ehemaligen Hollywood-Star *Ronald Reagan* und beim talentierten Laienschauspieler *Tony Blair*, langjährige Erfahrungen mit Triumphen und Niederlagen vor Publikum und in verschiedenen Medien, handfestes persönliches Medientraining und das Know-how versierter Berater aus der kommerziellen Werbewelt

oder eine individuelle Synthese all dessen können Selbstinszenierungen zur zweiten Natur werden lassen.

Zum Beruf des Bühnen- oder Filmschauspielers bestehen charakteristische Unterschiede, die dem Politikdarsteller das Handwerk nicht erleichtern. Er darf nicht seine Rollen spielen und dann abtreten, er muß spielen, daß er sie sei, und zwar gerade in den scheinbar privatesten Momenten, sofern sie für die öffentlichen Bildberichter erreichbar scheinen.

Für den politischen Akteur ergeben sich aus der *immerwährenden medialen Belagerung* zwei strategische Konsequenzen: Er muß stets versuchen, Gesten, Mimik, Bewegungen, Stimmlage und die semantische Botschaft so zu inszenieren, daß sie in jedem Augenblick veröffentlichungsreif sind und in den Momenten, in denen mediale Aufmerksamkeit wahrscheinlich ist, so eindrücklich wie möglich zur Geltung gebracht werden können.

Wirkungsvoller als Selbstinszenierung hingegen sind zwei andere Strategien, die im erwähnten angeblich heimlichen Familienbild Clintons zutage traten: das vom Politiker selbst inszenierte Verwechselspiel der elektronischen Bühnen und ein Verwirrspiel von privaten Gesten und öffentlichen Ansprüchen. Politische Akteure wissen, daß Mimik, Gestik und die Alltagsepisoden aus ihrem Privat- oder gar Intimleben ganz besondere *Meta-Botschaften* sind, die maßgeblich entscheiden über die Glaubwürdigkeit und Bereitschaft, alle anderen Botschaften aufzunehmen, die sie auf den öffentlichen Bühnen hervorbringen. Wir alle neigen dazu, die scheinbar unwillkürlichen Zeichen, die der menschliche Körper immerzu erzeugt – Mimik, Gestik und Stimmlage –, als *Glaubwürdigkeitsindiz* für die willkürlichen sprachlichen Äußerungen zu interpretieren, die wir an andere adressieren. Macht jemand ein gelangweiltes

Gesicht, glauben wir ihm nicht, wenn er erklärt, die Sache interessiere ihn wirklich. Die fahrigen Gesten scheinen den, der uns versichert, die Vorhaltung könne ihn keineswegs aus der Ruhe bringen, letztlich zu widerlegen. Die abkippende Fistelstimme des Diskutanten annulliert unsere Bereitschaft, seinen Argumenten zu folgen, oder verringert zumindest unsere Neigung, ihnen Gewicht beizumessen. Die Ruhe, mit der sich der Körper im Raum postiert oder in der Beratungsrunde hält, scheint uns die Souveränität und Verläßlichkeit der Person anzuzeigen.

Dabei hätten wir schon vom Bühnentheater und seinen Mimen lernen können, daß sich mit ein wenig Übung die Körpersprache in kaum geringerem Maße absichtsvoll einsetzen läßt als die gesprochene. Mittlerweile gibt es in Deutschland Hunderte von öffentlichen und vertraulichen Seminaren und Workshops für Laien und Berufspolitiker sowie alle, die eines von beiden werden möchten, in denen unter kundiger Anleitung nicht nur Rhetorik eingeübt, sondern Stimme, Mimik, Gestik und der Gesamtgestus auf die Medienwirkung hin ausgerichtet werden.

Die Strategie der Verwechslung von privaten Gesten und öffentlichen Ansprüchen ist im großen Design Grundlage der Imagepolitik. Sie besteht im *kleinen Design* aus dem ständigen Angebot der gestellten und eingeübten Zeichensprache des tätigen Körpers als *Scheinereignis* an die Massenmedien. Der geübte Akteur bringt dieses in allen Lebenslagen mitlaufende Programm – *man kann ja nie wissen* – auf volle Touren, sobald sich ein Medienkontakt anbahnt; durch schlechte Erfahrungen gewitzt, läßt er sich jedoch nicht gehen, wenn der Vorhang fällt. Bei *Tony Blair*, dem in Europa beispielgebenden Medientriumphator, scheinen sich in dieser Hinsicht sogar die Verhältnisse zwischen erster und zweiter Natur verkehrt zu haben. Er muß sich selbst

 ermahnen, das Medienlächeln einmal abzulegen, wo dessen Wirkung unerwünscht ist.

Sind politische Akteure in den Olymp der berufenen Mediencharismatiker aufgenommen, können sie die subkutane Wirkung der

Verwirrung von Hinter- und Vorderbühne für die Verbreitung gesteuerter Meta-Botschaften über ihre »wahre« Person leicht erzielen: ein Gespräch im Urlaub, Familienbilder von daheim und vom Ausflug mit den Kindern, das Wiedersehen mit der alten Mutter, mit Freunden im Fußballstadion, der Politiker als Gast in der Quiz-Sendung, im Freizeitdreß, beim Sport, als Tourist unter Touristen u. ä. Der Gedanke, der dargestellte Akteur sei im Begriff, seine politische Botschaft zu »verkaufen«, kommt beim Betrachter in den genannten Fällen nicht auf, dabei hat er seinen Auftritt mit größter Sorgfalt geprobt und inszeniert, weil er weiß, daß gerade der bescheidene Schein ihn fast zwangsläufig zum Paradeakt auf der Hauptbühne macht.

Als die erwähnten Urlaubsbilder um die Welt gingen, die *Clinton* in derselben Pose zeigten wie die tausendfach in der Öffentlichkeit gestellten, hat er in den Augen all derer, die glaubten, hier sei von den penetranten Medien ein privater Augenblick entweiht worden, die gestellten Bilder seiner glücklichen Familie mit einem Male zum wahren Ausdruck seines wirklichen Charakters geadelt. *Clintons* öffentliche Entrüstung über den vorgeblichen Frevel war die Vollendung dieser Inszenierung eines großen Meisters, das Siegel auf die Authentizität der Inszenierung.

Ein historisches Lehrstück aus einer anderen Epoche

Bertolt Brecht
Ein fähiger Schauspieler. Begegnung mit Adolf Hitler

»Ich saß mit ein paar Literaten und Theaterleuten im Münchner Café Hofgarten. ... Am Nachbartisch saß ein ziemlich gewöhnlich aussehender Mensch mit einer häßlich fliehenden Stirn, ungesundem Teint und schlechter Haltung. Er sprach mit einigen Männern, die aussahen, als wären sie Offiziere in Zivil. Er war ein hiesiger Agitator, der gerade eine Massenkundgebung gegen die Juden in einem Zirkus am Stadtrand abgehalten hatte, ein gewisser *Adolf Hitler*.

Boshaft erzählte uns einer der Schauspieler, Hitler nehme zur Zeit Schauspielunterricht bei Basil, dem Schauspieler am Königlichen Hoftheater, und zahle acht Mark die Stunde. Wir amüsierten uns ganz schön darüber, und es störte uns wenig, daß der Agitator am Nebentisch uns hören konnte.

Dieser Basil war ein Schauspieler der alten Schule und spielte normalerweise heroische Charaktere, gestikulierte wie ein Wagner-Sänger der alten Schule und fühlte sich nur wohl, wenn ihm die Jamben Schillers über die Zunge rollten. Es war sehr klug von Hitler, der aus der Kleinstadt in Österreich kam, Sprechunterricht zu nehmen und zu lernen, wie man Heiserkeit vermeidet. Es hieß, daß er bei seinen Reden fürchterlich brüllte. Aber komisch, daß er sich ausgerechnet diesen alten Komödianten ausgesucht hatte.

Wie wir hörten, lernte er, was er mit seinen Händen beim Reden und öffentlichen Auftritten machen solle, wie er wichtig erscheinen könne und wie er großartige Gesten auszuführen und zu gehen habe. Dabei setzte man den Fuß mit den Zehenspitzen zuerst auf, und das Bein blieb steif. Dieser Gang schien majestätisch, besonders wenn man dabei das Kinn einzog.

Ich muß zugeben, daß das später gar nicht mehr so lustig wirkte.

Einmal besuchte ich einen dieser Massenauftritte und beobachtete ihn als öffentlichen Redner. Seine Intonation war genauso männlich und heroisch, wie man das von einem Schüler des großen Basil erwarten konnte, immer ein wenig ungehalten, im Tonfall eines Mannes, den man offensichtlich aus reiner Bosheit zu Unrecht angeklagt hatte.

Aber er hatte noch mehr von Basil gelernt, wie ich feststellte. Er hatte sich angewöhnt, in den großen Reden seine Argumente und Pläne zu gliedern und zu numerieren: mit ›Erstens‹, ›Zweitens‹,

›Drittens‹ und so weiter. Auf einmal schien mir, als ob da irgendwas nicht ganz aufging. …

Er hatte sich in Rage geredet und sah aus, als könnte er jeden Augenblick vorn über das Rednerpult fallen. Sein ›Erstens‹, ›Zweitens‹, ›Drittens‹ und so weiter unterstrich er, indem er die entsprechende Anzahl von Fingern hochhielt. Niemand im Saal hatte bemerkt, daß ›Fünftens‹ überhaupt nicht erwähnt worden war! Hitler hatte das Publikum um einen Beweis für die Absurdität der Reparationszahlungen betrogen. Er war zu einem fähigen Schauspieler geworden. …

Man hätte annehmen können, dies sei nur ein kindisches Jonglieren mit Zahlen und ziemlich nebensächlich, aber selbstverständlich war dem nicht so. Hitler machte mit diesen ›zwanzig‹ Beweisen, die mit unerschütterlicher Logik wie

Hammerschläge aufeinanderfolgten, einen gewaltigen Eindruck. … Er widerlegte und demaskierte die Republik in zwanzig Punkten. Dadurch steigerte er seine Rede gewaltig. Und dort, wo dem Redner die Beweise fehlten, führte er jedenfalls aufs Schönste Gesten und die Haltung eines Mannes vor, der Beweise hat. Das war sein Trick.

Er spielte den Logischen. Seine Schauspielerei war überzeugend. Die acht Mark, die er Basil pro Stunde gezahlt hatte, waren gut angelegt. …«[58]

Fingerhakeln. Inszenierungsspiele der Politik

Inszenierung wird im Zeitalter der Theater-Politik zur umkämpften Ressource. Welcher der Handelnden die *Inszenierungshoheit* beanspruchen, damit den Ablauf des Bühnengeschehens bestimmen und zugleich alle anderen zu Mitspielern zu machen vermag, hängt vom Schauplatz ab.

Dabei kommt es keineswegs immer allein auf die Kunstfertigkeit der Darsteller-Regisseure an wie beim Arrangement der staatsmännischen Gruppenfotos vom EU-Gipfel. Dort zählt nur, ob einer wie zufällig in der Mitte neben den anderen Hauptakteuren landet, bevor das Bild gestellt ist, oder am Rande oder ob gar sein ungekonntes Drängen ins Zentrum zur Bildbotschaft wird.

Während der gastgebende Hauptdarsteller bei diesen Szenen nur gelegentlich selbst Hand anlegt und das Bild arrangiert, besteht bei anderem politisch-diplomatischem Umfeld *territoriale Inszenierungshoheit*. Ob der französische Staatspräsident an der Tür zu seinem Staatspalast auf den der Staatslimousine entstiegenen Gast wartet, so daß dieser sich die Stufen hinaufbemühen muß, um auf gleiches Niveau mit ihm zu kommen, oder ob er sich die Treppe hinunterbegibt, um den Gast beinahe ehrerbietig zu begrüßen, sobald er seinen Fuß auf das präsidiale Territorium setzt, und ihn somit als wahrhaft Gleichen auszeichnet oder ob er unsichtbar bleibt, als sei er noch mit wichtigeren Geschäften befaßt, so daß der Gast allein, nur von einem der höheren Staatslakaien geleitet, den Weg ins Zentrum der Macht und des Glanzes nehmen muß, ist allein Sache des Präsidenten, der an diesem Ort unstreitig die Inszenierungshoheit ausübt. Vermutlich werden die Art der Inszenierung und die Rolle des Gastes vor Ort ebenso wie die Substanz der gemeinsamen Schlußerklärung immer häufiger in den Details geklärt, bevor er sich auf eine so schlüpfrige Nebenbühne begibt.

Doch der vorauseilenden Absprache sind stets Grenzen gesetzt. Dem Inhaber der Inszenierungshoheit können überraschende Details in den Sinn kommen wie am 20. März 1998, als *Tony Blair* zur Hoch-Zeit des Vorwahlkampfes in Bonn weilte. »›Hübsche Mädchen habt ihr‹, beschied Kohl den Lehrer und hielt Blair in der Kälte vor dem Kanzleramt so lange mit Geplauder auf, bis die Lockerheit ver-

heißenden Bilder garantiert gemacht waren. Damit der Small talk indes nicht öffentlich wurde, war den Kameraleuten verboten worden, ihre Mikrofone aufzupflanzen. Vier Stunden später folgte der Konter. SPD-Kanzlerkandidat Gerhard Schröder traf Blair, aber leider nur in dessen Bonner Botschaft, wo die Engländer Hausrecht und somit Inszenierungshoheit haben. Keine Chance für Schulklassen. Statt dessen brachte Schröder den designierten NRW-Ministerpräsidenten Wolfgang Clement mit, damit der Glanz des Gastes auch auf ihn strahle. Ein Trio von Volkskapitalisten – auch ein schöner Gag. Vergangenen Freitag kam es in Bonn zu einem Duell der eigenen Art. Kanzler und Herausforderer begegneten binnen weniger Stunden dem wahrscheinlich längsten Lächeln Europas: Britanniens Ministerpräsident Tony Blair. Weil es kaum etwas zu bereden gab, was sich nicht am Telefon hätte klären lassen oder in der Woche zuvor, als Kohl wie Schröder in London weilten, geriet der Besuch des britischen Premiers zu einem Muster symbolischer Politik. Und die paßt prächtig in Wahlkampfzeiten: Wer würde die besseren Bilder stellen ...«[59]

Der »SPIEGEL«, der diese Inszenierungsanalyse geschmäcklerisch präsentiert, hat auf Kennerart auch die Einzelheiten der Vorgeschichte recherchiert und seinen Lesern mitgeteilt, was alles hinter der Bühne verhindert, vermieden und angebahnt werden mußte, damit die schönen Bilder des gemeinsamen Medienglanzes an der richtigen Stelle und zum richtigen Zeitpunkt möglich wurden. Die Dekonstruktion der Politikerinszenierung in der Inszenierung des Mediums rückt zugleich eine andere zentrale Inszenierungsbeziehung ins Bewußtsein – die zwischen Politikern und Journalisten.

Diese Partnerschaft, in der Bundesrepublik seit über zwei Jahrzehnten intakt, ist in eine Krise gekommen. Der gegenwärtige Wahlkampf schärft den Blick beider Partner füreinander und schafft

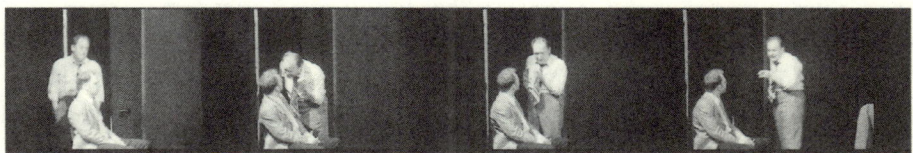

Gelegenheit zu einer Neubesinnung auf die Zukunft ihrer Beziehung, die so lange zum gegenseitigen Nutzen gehalten hat.

Ulrich Sarcinelli hatte schon aus seiner Analyse des Bundestagswahlkampfes 1976 den Schluß gezogen, daß Politiker und Journalisten eine Symbiose eingegangen sind, in der sie aus ganz unterschiedlichen Motiven dasselbe Interesse an Publizität entwickeln, das sie am wirkungsvollsten gemeinsam verfolgen können. Die Partnerschaft der Ko-Inszenierung ist aber bedingt und hält Schlingen bereit, in denen sich beide leicht verfangen können.

Die Journalisten müssen zwar mit ihren Inszenierungen ein wenig Leben in die karge Welt der politischen Fakten bringen, wenn sie ihr Publikum finden, mehren und pflegen wollen, sie müssen aber die Inszenierungsangebote der Politiker nicht um jeden Preis übernehmen.

Das Interesse der Medien am zeit- und geldsparenden Weiterreichen der Inszenierungen der Politik an ihr Publikum, sei es als Bild, sei es als Beschreibung des Bildes, wird gefördert durch die billige Materialbeschaffung und die Strategie der langfristigen Absicherung gegenseitigen Wohlwollens. Zwei Faktoren können unter bestimmten Umständen Konflikte und ausgewachsene Beziehungskrisen heraufbeschwören. Die zitierte »SPIEGEL«-Geschichte zeigt, wann und warum. Es gibt Journalisten, denen die Selbstachtung oder der gute Geschmack mehr bedeuten als der arbeitssparende Zugang zum convenient food der politisch vorfabrizierten Inszenierungsangebote. Gerade in Wahlkampfzeiten locken diese niemanden mehr an wie das überladene Buffet am Ende der Party, zu dem bei der Eröffnung alle drängen, obwohl es kaum etwas wirklich Gutes bietet. Mit der Bemerkung »Satt mäkelt es sich leichter über das Angerichtete« wird man diesem Trend nicht gerecht.

Die Qualitätsmedien machen in Deutschland soeben die Entdeckung, daß sie ihr eigenes Inszenierungsapriori auch dann erfüllen, wenn sie die Inszenierungsangebote der Politik – amüsant, dramatisch oder bloß aufgeklärt – dekonstruieren und zum Objekt ihrer autonomen Gegen-Inszenierung machen. Sie können einen Teil der Leser und Zuschauer auch dann fesseln und somit ihren Publikumsanteil vergrößern, wenn neben dem Thema Politik und den politischen Akteuren auch das Spiel ihrer Inszenierung zum Objekt medialer Gegen-Inszenierung gemacht wird.

Die Inszenierung der Politik wird zum Thema, wenn das Medium als Insider lustvoll und zuständig den Schaulustigen das Schlüsselloch zum Schlafzimmer freigibt und zur saftigen Geschichte macht. Wird die Inszenierung zu einer inventarisierten Dimension des Politischen, deren Geheimnisse Medienleute und Politiker gleichermaßen kennen, kann die Verlautbarung des Inszenierungsverzichts zur absichtsvollen De-Inszenierung des verantwortungsvollen Politikers werden und den Nachrichtenwert sogar verdoppeln. Inszenierungsverzicht aus Verantwortung erscheint als Ereignis und zugleich als Zeugnis der Tugend – beides ist wahr, erstaunlich ist jedoch, daß es in der Inszenierungsgesellschaft zur Nachricht werden kann. »Nach Spektakulärem stand ihm nicht der Sinn. Er sei ›doch nicht hier, um irgendwelche Aktionen zu inszenieren‹, stellte *Gerhard Schröder* schon zu Beginn seines Israel-Besuchs klar, der ersten Auslandsreise als amtierender Bundesratspräsident und SPD-Kanzlerkandidat«, berichteten Anfang Mai 1998 die Agenturen. Das Medium bleibt jedoch der Beschreibung der Handlung in den Kategorien des Theaters treu, auch wo es der Nicht-Inszenierungsabsicht vertraut:

»Die Vorstellung, die der Niedersachse in Jerusalem gab, war ganz auf staatsmännische Solidität angelegt.« (»Kölner Stadt-Anzeiger«, 25. März 1998)

Während in der Beziehung der Printmedien zu den Politikern die Inszenierungsdominanz den berichtenden Journalisten vorbehalten ist – außer im Interview –, kann in Live-Sendungen im Fernsehen, sobald der Journalist den Mut und das Geschick hat, das Spiel zu wagen, das Rennen offenbleiben. Die Sendung *ZAK*, die der Journalist *Friedrich Küppersbusch* in der ersten Hälfte der neunziger Jahre im Westdeutschen Rundfunk produzierte, war von der Kulisse, über die elektronischen Bildtricks bis hin zum respektlosen Interviewstakkato des Gastgebers, der sich auch nicht scheute, seine prominenten Politikergäste mit vergessenen und verdrängten Äußerungen zu irritieren, absolut auf Dekonstruktion programmiert. Das Ensemble der visuellen, elektronischen und verbalen Irritationen setzte sie einer Atemlosigkeit und Entgleisung aus, auf die sie kaum mit einer vorbedachten schauspielerischen Leistung reagieren konnten. Die Geübteren unter ihnen hatten allenfalls die Chance, jede neue Provokation so mit dem allgemeinen Repertoire ihrer Spielmöglichkeiten zu kontern, daß sie das Spiel und die eigene Rolle partiell mitbestimmen konnten.

Die Politiker glauben, zwingende Bilder erzeugen zu müssen, wenn sie den Journalisten die Kontrolle über ihre Präsenz in den Medien entziehen und so weit wie möglich in die eigene Verfügungsmacht übernehmen wollen. Ironischerweise erzeugen sie gerade dadurch den kritischen Blick der Medien auf ihre Inszenierung. Streben die Medien danach, nicht nur Bühne und Impresario für die Stücke der Politik zu sein, sondern selbst Regisseure oder Kritiker, könnte aus gleichgerichteter Ko-Inszenierung, die uns die Bühne als Spiegel präsentiert, zunehmend ein Inszenierungswettbewerb werden, der uns bewußt bleiben läßt, daß wir nicht durch ein Fenster in die Welt, sondern nur aus unserem Sessel auf eine Bühne schauen, wenn wir Zeitung lesen oder fernsehen.

Spielplan. Konjunkturzyklen der Inszenierung

»Wer vieles bringt, wird manchem etwas bringen; und jeder geht zufrieden aus dem Haus.« (»Faust«) Spielpläne sollen gemischt sein, Schweres und Leichtes, Starkes und Tiefes, Heiteres und Dunkles bieten, und die archetypischen Helden, nach denen sich von jeher das Leben sehnt, sollen ihre Schicksalsrollen spielen. Ausnahmsweise können in einer Spielperiode auch zwei Stücke desselben Genres konkurrieren, wenn zu entscheiden ist, wer es besser kann.

Wer oder was ankommt, hängt nicht nur von früheren Angeboten ab, sondern auch von der Stimmung im Lande. Dem allerersten Blick können manche Konstellationen höchst seltsam erscheinen. So wurden zur Zeit des Krieges in den beliebten Radio-Wunschkonzerten der Nazisender bei leichtester Muse und hartem Geschützdonner Grüße aus den Schützengräben der entferntesten Winkel Europas »in die Heimat« gesandt und von dort wieder zur Front, in den Kinos hingegen teilte sich die leichte Muse mit den verbissensten Durchhaltefilmen die Arbeit der gesellschaftlichen Situationsbewältigung.

Die Regeln, denen sich Erfolgszyklen politischer Inszenierung verdanken, sind bisher nicht erforscht. Während der letzten beiden Jahrzehnte, einer Glanzzeit medialer Inszenierungskunst, haben wir starke Eindrücke gesammelt. In den USA, dem Paradeland und Laboratorium des politischen Theaters, ist auf den fulminanten Selbstinszenierer *Reagan* der karge und eher düstere *Bush* gefolgt, als die wirtschaftlichen und politischen Probleme sichtbar wurden, und auf diesen, als die Lage drückender schien, der begnadete Hoffnungsdarsteller *Clinton*. Er gilt allen Inszenierungsanwärtern in Europa als unerreichtes Vorbild. Der Ausdruck *Clintonisierung* ist zum Synonym für die Theatralisierung der Politik geworden.

In Großbritannien wurde dem bläßlichen *Major* vom Inszenierungswunder *Blair* der Schneid mit einschüchternder Deutlichkeit abgekauft, als die ökonomischen und sozialen Probleme, die sich seit langem aufgetürmt hatten, zur Belastung wurden. Der französische Präsident *Chirac* mit seiner Neigung, der Öffentlichkeit wie sein eigenes belebtes Standbild entgegenzutreten, und mit seiner die Würde des Publikums verletzenden Diskrepanz zwischen Worten, Gesten und Taten anscheinend bar jedes Inszenierungswillens, unterlag – nicht als Amtsrivale, aber als symbolischer Anführer der Gegenkampagne – dem nüchternen, bescheidenen und ehrlichen *Jospin*, der als Anwalt eines fairen Sachprogramms in Erscheinung trat, ohne große Bilder, ohne symbolische Überhöhung und ohne Klamauk.

Italien hatte mit *Berlusconi* den Umschlag der reinen Darstellungsmacht in politische Macht erlebt. Berlusconi, Politik-Darsteller, Regisseur und medialer Mega-Impresario in einer Person, gleichsam ideeller Gesamtrepräsentant des Geistes der Mediendemokratie, konnte seine Herrschaft über die Bilder und Parolen auf fast allen Kanälen rund um die Uhr dem Publikum unter die Haut reiben. Nach weniger als einem Jahr setzte das Land dem Spuk ein Ende und brachte mit *Dini* und dann mit *Prodi* jeweils einen trockenen Technokraten ins Amt, der wie das vollendete Anti-Theater wirkt. In der Krise, sozial, ökonomisch und finanziell, war Italien die ganze Zeit über.

Der deutsche Buddha *Kohl* hingegen hat Anstürme unterschiedlichster Gegenkandidaten überstanden. Die Botschaften von *Rau* und *Vogel*, *Lafontaine* und *Scharping* speisten sich aus dem Leben und aus Leidenschaften, denen der Erleuchtete für immer entrückt ist: daß die soziale Fairneß verletzt, der soziale Friede bedroht sei und das Land sich deshalb ändern muß. In höchst unterschiedlichen Varianten

verkörperten sie vieles von dem, was auf der Medienbühne gegen das »Weiter so« des Kanzlers zu setzen war:
den Geist der sozialen Versöhnung, die forensische
Strenge der Normprüfung, das moderne und aufkläre-
rische Draufgängertum und die reine Kompetenz, be-
flissen, sachkundig und hartnäckig. Gegen das »System
Kohl«, das der »SPIEGEL«-Reporter Jürgen Leinemann
als Synthese aus »Stammtisch und Talk-Show, Kuhhan-
del und Hofzeremoniell nonstop, subtiler Seelenwäsche
und brutalem Mobbing«[60] charakterisiert, war nichts aus-
zurichten, solange der Buddha unter den Augenlidern
noch wach war und sein weites Gewand die offenkundigen Mißstände und Konflikte verhüllen konnte. Nun
wankt er. Hat sich die Lage aufgrund neuer Probleme
verändert oder eher, weil der jetzige Gegenkandidat und
sein Programm die Verkörperung des moderneren An-
packens der Dinge, die getan werden müssen, repräsentieren?

Die Gesetze, die den Spielplan der Inszenierung
regieren und darüber entscheiden, welche Stücke und
welche Helden in einer Spielzeit Erfolg versprechen,
sind noch nicht definiert. Es deuten sich gleichwohl drei
Eckwerte an, die die Grenzen markieren. Jede Lage läßt
mehrere Stücke und mehrere Heldentypen zu, wenn sie
glaubhaft inszeniert sind und den gegebenen Rahmen
füllen. Über kurz oder lang ist Abwechslung gefragt, je
strapaziöser die Inszenierung, um so früher die Sätti-
gung. Perioden der Überinszenierung, sozusagen des
Karnevals der Sinne und Ausdrucksformen, folgt unvermeidlich der Aschermittwoch, eine Zeit, in der Be-
scheidenheit und Inszenierungsverzicht gefragt sind.
Letzterer läßt sich, wie wir wissen, durchaus trefflich
inszenieren, nur eben auf andere Weise. Selbst die reine

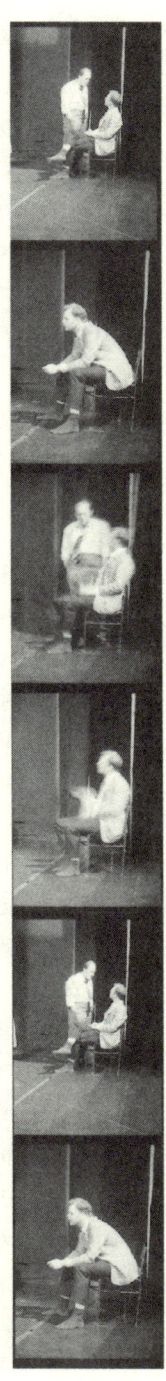

Armut kann Produkt verschwenderischster Inszenierung sein. Die
Impresarios, die Stückeschreiber und die Helden müssen die jewei-
lige Situation und den Rahmen des Angemessenen kennen, müssen
wissen, was abgelaufen ist und was sie glaubhaft darstellen können,
wenn sie in ihrer Epoche Erfolge feiern wollen auf der Bühne, die die
Medien bereiten. Die Findigeren unter ihnen, das haben wir ja erlebt,
sind den Gesetzen, denen der Inszenierungszyklus folgt, früher und
dichter auf der Spur, als jede Reflexion darüber es sein könnte.

Neue Rationalität. Die Wette

Aus der neueren Moraltheorie sind Entscheidungsdilemmata bekannt, aus denen selbst im Idealfall rein moralischer Rationalität der
Handlungsgründe auf allen Seiten nur das Würfeln befreien kann,
ohne Vernunft und Moral zu verletzen. In den Grenzfällen theatralischer Politikinszenierung, in denen das Als-ob die ganze Regie übernimmt, nähert sich die Wahlentscheidung des Bürgers dem Hand-
lungstyp der *Wette*. Die profunde Ambivalenz theatralischer Politik,
durch Darstellung von Eigenschaften und Taten überzeugen zu können, ohne für das mit ihnen suggerierte Handeln einstehen zu müssen, führt zu einer tendenziellen *Entkoppelung der Botschaften des politischen Diskurses vom praktischen Handeln politischer Amtsführung. Die Bühne
wird selbständig.*

Was in den Kabinetten geschieht, was auf den Tausch-Börsen der
Macht und welche Furchen beides in den unübersichtlichen Land-
schaften einer komplexen Welt zieht, ist – die härtesten Eigenerfah-
rungen in der Lebenswelt ausgenommen – nur eine Frage der Darstellung auf der öffentlichen Bühne, jedenfalls für eine längere
Spielzeit. Das hat die Ära Reagan demonstriert. Die Magie und die
Sinnfälligkeit der öffentlichen Theatralität ist bei ausreichender Mei-
sterschaft der Regisseure und Darsteller und angesichts der Allgegenwart der Massenmedien immer überzeugender als die nüch-

terne Bilanz der Taten der Protagonisten in der Vergangenheit oder die dürre Rationalität ihres Sachprogramms für die Zukunft.

Unter diesen Umständen muß prinzipiell offenbleiben, was von den Suggestionen der Scheinereignisse und Bilder öffentlicher Inszenierungen das repräsentiert, was die Akteure an der Macht tatsächlich tun und vor allem tun werden. Der Bürger kann nur versuchen, sich selbst einen Reim auf den Zusammenhang von Darstellung und Herstellung der Politik zu machen. Die beste Antwort bieten Wahrscheinlichkeitskalküle – eine Art informierte *Wette*, der Bürger gewinnt oder verliert, aber er vermag die Entscheidung darüber nicht durch eine rein rationale Kalkulation vorwegzunehmen. Eine Wette kann klug oder dumm sein, je nachdem, auf welchen Informationen sie basiert und welche Teile der Wirklichkeit in Betracht gezogen werden. Die kluge Wette hält unter dem Gesichtspunkt der Rationalität genau die Mitte zwischen Würfeln und rationaler Entscheidung.

Politik als Theater spaltet auf kennzeichnende Weise ihr Publikum. Die harten Sympathisanten der Protagonisten, die aus anderen Informationsquellen oder Loyalitätsbeständen schöpfen, betrachten das Spektakel amüsiert, leicht genervt oder widerwillig, lassen sich jedoch in ihrem fundierten Urteil nicht wirklich irritieren. Der wachsende *Inszenierungs-Verdruß* veranlaßt sensible Rationalisten, politische

Ethiker und unbeugsame Verfechter der Mündigkeitsidee teils zur
politischen Stimmenthaltung und teils zur Wahlentscheidung mit zu-
sammengebissenen Zähnen. Die Unbedarften, die Mehrheit, unter
anderem durch Gleichgültigkeit, mangelnden Durchblick, selbstge-
fällige Borniertheit charakterisiert, suchen in ihrer eigenen Lebenswelt nach Anhaltspunkten, um den Stücken und Personen im Theater der Politik, das sie im Fernsehen täglich erleben, Sinn und ihrer
eigenen Entscheidung ein Zipfelchen Rationalität zu geben.

Das Gros der vom Theater der Politik Verblüfften greift not-
gedrungen zu den kleinen Hilfsmitteln der guten Wette. Die Physis
der Pferde, auf die gesetzt werden soll, ihre Kondition, die Pflege,
vielleicht sogar das Futter, der Stall, überstandene Krankheiten,
frühere Fehltritte, bedenkliche körperliche Reaktionen im Training,
der Werdegang der Eltern und dergleichen mehr werden zu aus-
schlaggebenden Kriterien dafür. Alle öffentlichen Akteure, beraten
von den besten Profis der medialen Inszenierungskunst, scheinen nur
die öffentliche Rolle zu spielen, die am besten anzukommen ver-
spricht. Diese Gewißheit läßt die Frage nach der Moral und Zu-
verlässigkeit, den Absichten und der Vorgeschichte der natürlichen
Personen, die sie spielen, als verständlichen Notanker erscheinen. Sie
erscheint als plausibler Ersatz für politische Rationalität, die aus der
öffentlichen Kommunikation verschwindet.

Zuverlässiges Wissen darüber, wie der öffentliche Akteur in anderen Bereichen seines Lebens das Verhältnis von veröffentlichtem Bild und privatem Tun handhabt, scheint Schlüsse über sein Rollenverständnis im Ganzen zu erlauben. Ein Teil des Publikums und die Medien, die es bedienen, entwickeln ein vehementes, fast aggressives Interesse an den intimen Personen hinter den öffentlichen Rollen. In den USA geht man in dieser Hinsicht nahezu hemmungslos vor, hierzulande, Gott sei Dank, reservierter. Die versteckte Kehrseite des öffentlichen Spiels, notfalls bis hinein in die Schlafzimmer, scheint einerseits das große Spiel der Öffentlichkeit nach den Maßstäben des kleinen Spiels der Lebenswelten überschaubar und verständlich zu machen und bietet andererseits eine Formel für die Rückübersetzung des Theaters der Politik in Wirklichkeit.

Die Überinszenierung der Politik als Theater weckt beim Publikum Interesse an der unpolitischen Seite der Politik. Intimität und Privatleben werden zu vorrangigen politischen Themen. Dabei wäre die Stärke und Lebendigkeit der politischen Parteien, vor denen sich die Medienstars verantworten müssen, bei weitem das zuverlässigere Kriterium.

Neue Irrationalität. Die Spin-doctors

Werner Holzer, als langjähriger Chefredakteur der »Frankfurter Rundschau« kein moralistischer Kulturkritiker der Mediengesellschaft, hat im letzten Präsidenten-Wahlkampf der USA das Geschäft derer studiert und beschrieben, die den vermeintlichen *Blick durchs Schlüsselloch inszenieren*, damit der Wähler den Eindruck gewinnt, die nackte natürliche Person hinter der gemachten öffentlichen Glanzrolle zu er-

blicken und damit zu wissen, was wirklich gespielt wird.[61] Das sind die sogenannten *Spin-doctors* oder *Spin-masters*. Der Begriff hat sich für dieses höchst wichtige, gesuchte und bei den Mächtigen angesehene Gewerbe schon fest eingebürgert, aber in den offiziellen Wörterbüchern noch keinen Niederschlag gefunden. Dort finden sich nur folgende Ausdrücke als deutsche Entsprechungen des Verbs *to spin*: *spinnen, (schnell) drehen, herumwirbeln, (Wäsche) schleudern*. Und für *my head is spinning*: *mir dreht sich alles im Kopf*. Es macht, vergleicht man die Arbeit dieser Beratergattung in den USA und in Großbritannien, freilich einen mächtigen Unterschied, ob sie – um das zitierte Wörterbuch zu ergänzen – nur schmutzige Wäsche öffentlich herumschleudern oder auch ansehnliche Gewänder.

Ob die Spin-doctors in den USA und ihr Werk des öffentlichen Waschens schmutziger Wäsche lediglich die mediengesellschaftlich fortgeschrittenere Gattung repräsentieren oder auch eine andere Kultur, bleibt abzuwarten, europäische Annäherungsversuche an diese Art der Inszenierung hat es bereits gegeben. In den USA stehen die erfolgreichsten Spin-doctors allen Spitzenkandidaten zu Verfügung, die ihre Arbeit schätzen und das Millionenhonorar dafür begleichen wollen. Ihnen wird die gesamte Kampagne anvertraut, jedenfalls der Rahmen, sie bestimmen die Regeln und die Höhepunkte nach dem Gesetz der maximalen Diffamierungswirkung für die politischen Kontrahenten und des maximalen Werbeeffekts beim medialen Massenpublikum. Sie entwerfen das verbindliche Drehbuch für die Inszenierung, Themen und Sprache, Auftritte und Posen, Bilder und Gesten im Positiven wie im Negativen – legen fest, was dargestellt werden soll und was nicht dargestellt werden darf. Die Probleme des Landes, Programme für ihre Lösung, politische Differenzen geraten an den Rand der Inszenierung. Wirkliche oder konstruierte Schwach-

punkte in der Persönlichkeit des Gegners, egal ob ober-
halb oder unterhalb seiner Gürtellinie, ob in seiner Ju-
gendzeit oder in der Gegenwart, womöglich auch nur im
Umfeld seiner Familie oder in den intimen Angelegen-
heiten, die von Rechts wegen keinen interessieren dürfen, werden zu Leitmotiven ihrer Kampagne. Und wie
beim Pferderennen streuen sie für die verunsicherte
Wettgemeinde Gerüchte aus über Leistungsfähigkeit
und versteckte Krankheiten des Kontrahenten.

Die *Spin-doctors* dürfen die Regie übernehmen, weil
sie Erfolg versprechen. Die Kandidaten mögen sich vorbehalten, nach dem durch sie errungenen Sieg, so schnell
sie können, zum Koordinatensystem demokratischer
Öffentlichkeit zurückzukehren – also zu Inhalten und
Verantwortlichkeit, Wertbindung und Zielorientierung,
Fairneß und Anerkennung des anderen. Sie mögen den
heißen Dampf der Spin-doctors stärker oder schwächer
durch Ventile regulieren lassen, mehr den sprühenden
Farben der schönen Bilder als dem Gift der persönlichen
Bezichtigungen vertrauen, die Entpolitisierung der politischen Öffentlichkeit ist stets das Grundrezept. Da die
Hinter- oder die Nebenbühnen allein nach utilitaristi-
schem Erfolgskalkül bedient werden, wird ein unpoli-
tischer Geschmack am Politischen bedient und zugleich
wieder kultiviert. Dabei, und das ist die eigentliche
Irrationalität dieser Öffentlichkeit als ob, kann keiner
der Beteiligten wissen, ob ihn am Ende das schönere Bild
der anderen oder ihr Schlag unter die Gürtellinie zu Fall
bringen wird oder ob sein eigenes Drehbuch triumphiert.
Die Medizin der Spin-doctors kann schnell zur Droge
werden, von der die Abhängigen nicht mehr ohne fremde
Hilfe loskommen.

Geisterschrift aus dem Off. Die DVU-Kampagne

Einen gespenstischen Triumph, der anscheinend gegen alle Aufführungsregeln der Medienbühnen erreicht wurde, feierte die rechtsextremistische DVU mit 12,9 Prozent bei den anhaltinischen Landtagswahlen im April 1998. Keine Personifikation, denn die Kandidaten blieben so gut wie unsichtbar, obgleich der interessierte Teil der Öffentlichkeit das Biedermannsgesicht des dicklichen Herrn aus München, der hinter der ganzen Sache steckte, irgendwo schon einmal gesehen hatte. Es gab nur spärlichste Tribute an die herrschende Seh-Welt: kaum artistische Visualisierung, die das Fernsehen und sein Publikum lieben und großzügig honorieren, keine Auftritte sympathischer Menschen auf den Hauptbühnen der vorgeblichen Hinterbühne, keine Unterhaltung, überhaupt wenig Theater, wenig Körperlichkeit, kaum Fleisch und Blut.

Es gab weder eine Parteizentrale, vor die berufene Sprecher hintreten, um ihre Erklärungen abzugeben, noch Nachbarstypen oder Helden als Werber in den Fußgängerzonen, weder ein Schattenkabinett vertrauenerweckender Gesichter noch Studiogäste, die sich in die Stimmungswelt der Wähler getalkt hätten. Nicht einmal der Schimmer einer Botschaft ließ sich ausmachen, lediglich die haßerfüllte Aufforderung zum Protest, eine Handvoll mythischer Ur-Bilder und kaum Verkörperungen des Personals. Der umwerfende Erfolg dieser virtuellen Kampagne hat schnell gezeigt, daß die drei Millionen Mark, soviel, wie die beiden demokratischen Großparteien zusammen zur Verfügung hatten, professionell investiert waren.

Die düstere Gespensterstimme aus dem Off, die diese Partei war, manifestierte sich neben der teuren Briefflut in die Haushalte der Frustrierten vor allem in *Plakatschrift* und wenigen, aber fernsehgerecht inszenierten *Ur-Gesten*. Der Inhalt der Schrift war Hetze: Kriminelle Ausländer raus. Das ließ sich doppelt lesen, für das Gewissen der einen wie: *nur* die kriminellen Ausländer raus, für den Haß der andern wie: Ausländer raus, *denn* sie sind kriminell. Die *Ur-Geste* zeigte eine Faust, die so brutal auf den Tisch haut, daß die Fetzen in alle Himmelsrichtungen fliegen. Und dazu die Gespensterstimme und ihr Aufruf zum Protest.

Vollendet virtuell war dieser Wahlkampf nicht nur, weil er vor allem in den Medien stattfand und mit großem Geld von Medienprofis gemacht war, sondern auch, weil der ganze Rest *clandestin* blieb, ganz dem Regieraum vorbehalten.[62] Der Regisseur dieser allein in der endlosen Vervielfältigung dadahafter Haßparolen verkörperten Inszenierung, *Gerhard Frey*, war selbst als Darsteller seines Stückes ästhetisch völlig ungeeignet, deshalb wurde außer der Proforma-Abbildung des gesetzlich vorgeschriebenen Spitzenkandidaten Wolf als Jedermann nur noch das Bild einer sympathischen jüngeren Frau vorgezeigt.

Omnipräsent im Inszenierungsraum dieser Kampagne waren vielmehr haßerfüllte kurze Parolen der Abwehr, eine emotionalisierte Schwundform des Textes: *Laß Dich nicht zur Sau machen, Deutsches Geld für deutsche Arbeitnehmer, Kriminelle Ausländer raus,* zusammengefaßt, wo der Platz knapp war, als *Protest.* Das Produkt war Protest, darauf sein Markenname DVU. Bis zu drei Plakaten an jedem Laternenpfahl, zwei Flugzeuge mit Schleppbändern besetzten ununterbrochen den Himmel über den Großstädten Halle, Magdeburg und Dessau mit dem Reizwort und dem Markenzeichen. Die Erstwähler erhielten bis zu drei Postwurfsendungen mit den Parolen und rosa Schweinen, die zeigten, was sie wären ohne das Gegengift dieses Produktes, einigen der aussichtsreichsten Kunden, vor allem Rentnern, wurde der Haßreiz zweimal, allen übrigen Wählern im ganzen Land mindestens einmal ins Haus geliefert.

Die reizauslösende Parole war zusammen mit dem Markennamen ihres Urhebers zwar nicht als verführerisches Abbild, doch als Signalschrift von einer penetranten visuellen Allgegenwart, der kaum ein Auge auszuweichen vermochte. Die omnipräsente Parole und die versteckte Regie im Off verhielten sich zueinander fast wie der Aufschrei des Unbewußten einer gemarterten Volksseele und der Laut, den sie ausstößt. Und so sollte es wohl auch wirken. So jedenfalls hat es gewirkt. Denn die suggestive Zeile hat als Reiz eine elementare Wut der vielen freigesetzt, die sich als Arbeitslose, Arbeitslosenanwärter oder Verunsicherte von der offiziellen Politik vergessen, verschaukelt, gekränkt oder erniedrigt fühlten. Dieses Gefühl bedurfte keiner subtilen Bilder, die ihm die Qual der Wahl zwischen den kleinen Unterschieden der großen Parteien erleichterten, es reagierte auf die krasse Parole, die die Emotion traf, verstärkte und ihr ein Ventil bot, in vorbedachter Weise. In diesem Sinne war die Inszenierung der visuellen Allgegenwart der reizauslösenden Parole allein ein professioneller Schachzug. Er könnte sich im Bundestagswahlkampf in den neuen Bundesländern wiederholen, solange sich noch nicht erwiesen hat, daß nach den Parolen nichts Verwendbares mehr kommt. In den alten Bundesländern würden wohl eher Medienfiguren wie *Haider* oder *Le Pen* das Ressentiment freisetzen, das ja auch dort nicht fehlt.

Die bigotte Inquisition. Fundamentalismus als ob.
Die Nützlichkeit der PDS

Ende Mai 1998, nach der erneuten Bildung einer sozialdemokratischen Minderheitsregierung in Sachsen-Anhalt, die von der PDS-Fraktion »geduldet«, das heißt fallweise unterstützt werden wird, hat die CDU die Rote-Socken-Kampagne aus dem Wahljahr 1994 scheinbar nur ein wenig ungeschminkter neu aufgelegt. Der zuständige »Sockenhändler« (Robert Leicht) Peter Hintze, Generalsekretär der CDU, bastelte mit vielen öffentlichen Geräuschen an der passenden Inszenierung. In den alten Schläuchen konnte der Wein nicht wieder auf den Markt gebracht werden, da sonst die Stimmenverluste der CDU im Osten Deutschlands unkalkulierbar würden. Der Trunk soll der Menge aber noch einmal verabreicht werden, denn er hat ja das letzte Mal gewirkt und etwas Besseres ist nicht vorrätig.

Schon die Gespensterschlacht von 1994 war in der Sache wie in der Moral eine klassische Inszenierung des bewußt kalkulierten falschen

Scheins. Sie diente allein der Ablenkung von drängenden Problemen wie Arbeitslosigkeit, Verteilungsgerechtigkeit, soziale Sicherung oder innere Einheit Deutschlands und der Verhinderung von Sachdebatten über diese Fragen. Das Gespenst, das die Kampagne inszenierte, war die Rückkehr der Kommunisten an die Macht in Deutschland als formierende Kraft eines gemeinsam mit SPD und Grünen gebildeten »Lagers«. Ohne diese doppelte Prämisse wäre die ganze Kampagne politisch gegenstandslos geblieben.

Nun haben die Spin-doctors im Adenauer-Haus daraus die Rote-Händedruck-Kampagne gemacht. Die CDU hofft und die SPD fürchtet, daß sie der CDU im Westen mehr als zwei Prozent Zusatzstimmen bringen und im Osten weniger als zehn Prozent Verluststimmen kosten könnte. Dann wäre das Kalkül der Urheber dieser Angst-Inszenierung aufgegangen. Aus dem Unionslager wird die Aktion allein mit dem Argument kritisiert, sie verspreche keinen Stimmenzuwachs. Dies belegt, wie weit der Verfall der Moral bei den Spin-dotors und denen, die sie gewähren lassen, im Hinblick auf die Angemessenheit medialer Politik-Inszenierung in der Demokratie schon gediehen ist. In Wahrheit steht viel mehr auf dem Spiel als Stimmengewinne oder -verluste.

Die Frage ist dabei gar nicht, ob die PDS den von ihr selbst deklarierten Wandel zur westlich demokratischen Partei in vollem Maße auch wirklich vollzogen hat oder nicht. Allein ihre tiefe innere Zerrissenheit dokumentiert, daß sie eine andere Partei ist als der alte dogmatische Monolith SED. Diese Zerrissenheit ist das Gegenteil von allem, was Kommunisten sein wollen und sein müssen, wenn sie in der Theorie ihrem Anspruch gerecht werden und in der Praxis in dessen Sinne erfolgreich sein wollen. *Die PDS ist eine postkommunistische Partei im Übergang.* Alle Urheber dieser Kampagne wissen genau, daß es sachlich falsch ist, sie eine kommunistische Partei im alten Sinne zu nennen, auch wenn viele, die in ihr mitlaufen, und manche, die in ihr mitsprechen, den alten Geist nur notdürftig übertüncht haben.

Was aus dieser Partei noch werden kann, ist offen. Vorderhand ist sie die Verkörperung einer Reihe handfester Widersprüche auf halbem Wege zur Modernisierung. Darin vor allem spiegelt die PDS ein Stück Übergangsgesellschaft. In ihr vereinen sich unter schwankendem Dach die vielen, die nichts anderes mehr wollen, als ihre im Kommunismus gelebte fragwürdige Biografie unter allen Umständen zu verteidigen, eine kleine Gruppe, Kommunistische Plattform genannt, die ihren sektiererischen Stalinismus fürs eigene Gemüt noch einmal jungschminkt, eine größere Gruppe, die trotz der genannten »Bleigewichte« wirklich die Modernisierung zu einer reformsozialistischen Partei betreibt, und zahlreiche Pragmatiker, die mit mehr oder weniger populistischer Rhetorik soziale Interessen schützen möchten. Die Modernisierung, auf die die PDS in ihrem Namen Anspruch erhebt, befindet sich im doppelten Sinne auf halber Wegstrecke. Sie bezieht sich in den Programmen bislang allein auf Bekenntnisse zu Menschenrechten und Demokratie, aber nicht auf Handlungskonzepte für die wirtschaftlich-soziale Steuerung komplexer Gesellschaften, und sie erfaßt nur einen Teil der Mitglieder, viele andere bleiben in sicherer Deckung.

Altbundespräsident *Richard von Weizsäcker* hat die bisherigen politischen Erfahrungen mit dieser zerrissenen Partei, gerade auch in Sachsen-Anhalt, staatsmännisch resümiert: Ausgrenzung stoppt den Fortgang der begonnenen Modernisierung der PDS, Einbindung in Verantwortung – stets ja nur in der Minderheitenposition, nirgends als bestimmende Regierungskraft – treibt sie voran und stärkt die Reformer und Pragmatiker. Die Gefahr, die die Inszenierung der Rückkehr des Gespenstes des Kommunismus in die Zentren der Macht beschwört, besteht genausowenig wie eine Veranlassung, diesem Zwitter auf seinem widersprüchlichen Weg in die Moderne vor der Zeit demokratische Persilscheine auszustellen. Um all das geht es in der Sache auch gar nicht – und alle Verantwortlichen wissen dies. Sie klittern und verdrehen unbedenklich die Geschichte, damit übernehmen sie ein klassisches Instrumentarium der Partei, deren Erbe sie angeblich bekämpfen.

Zu einer unmoralischen *Spin-doctor-Aktion* reinster Prägung wird diese Inszenierung aber nicht allein, weil sie die Wahrheit der Wirkungskalkulation auf die 2-3 Prozent Stimmengewinn, ohne mit der Wimper zu zucken, opfert. Ebenso schwer wiegt die kalkulierte Bedenkenlosigkeit, mit der sie, streng nach der Devise *Haltet den Dieb*, verschweigt, daß die Urheber der Kampagne selbst praktiziert haben, wofür sie die anderen an den öffentlichen Pranger stellen wollen, nur weil eine solche Inszenierung ein paar Prozent zusätzlicher Stimmen verheißt. Die Ost-CDU, die politisch für gar nichts anderes stand als die SED und deren Aktivisten im untergegangenen System dieselben Vorteile genossen, wurde von der West-CDU mitsamt ihrem satten Vermögen geschluckt, ohne daß die Öffentlichkeit daran Anstoß nahm. Und wo es der eigenen Macht dient, wie gegenwärtig in Halle, läßt sich die CDU von der PDS nicht nur gleichermaßen dulden, sondern bezieht ihre Repräsentanten sogar ohne langes Zieren ins Geschäft der Machtausübung mit ein.

Mag sein, daß die CDU sich angesichts der Inszenierungserfolge ihrer politischen Herausforderer in einer Art politischer Notwehrsituation wähnt, in der alle Mittel zulässig sind. Das wäre ihr nur zuzubilligen, wenn sie der geborene Erbe der Macht in dieser Demokratie wäre und die Macht alles, wovon sie politisch lebt. (Es gab tatsächlich in ihren Reihen schon immer einen Hauch solchen Denkens.) Die Rote-Händedruck-Kampagne suggeriert den Uninformierten und den Unbelehrbaren nicht nur, daß in Gestalt der PDS die alte Staatspartei SED wieder auf dem Wege zur Macht sei. Sie möchte auch glauben machen, die SPD habe sich ihnen beigesellt und nach dem Wahltag drohe eine Verschwörung zum Untergang der Demokratie. Beiläufig wird zur Maximierung des beabsichtigten Diffamierungsnutzens auch noch der Eindruck erweckt, die Ost-SPD sei 1946, als Grotewohl und Pieck sich den symbolischen Händedruck gaben, nicht unter Druck vereinnahmt worden, sondern den nur leicht geschminkten Kommunisten um den Hals gefallen. Die Tausende von Sozialdemokraten, die damals und in der Zeit der kommunistischen

Herrschaft in der DDR ihren Widerstand gegen den Händedruck, und was ihm folgte, mit dem Verlust ihrer Freiheit und ihres Lebens büßten, sind den Spin-doctors dieser Kampagne keine Fußnote wert. Dabei gehören diese Fakten zum allgemein zugänglichen Wissen.

Eine moralische Totschlagkampagne wie diese ist keine konkurrierende Medieninszenierung unter anderen. Der Versuch, die mögliche eigene Wahlniederlage zur Apokalypse der Demokratie hochzuspielen, setzt die Spielregeln des Machtwechsels außer Kraft. Es handelt sich dabei um einen moralischen Erpressungsversuch, weil alle, die den politischen Gegner wählen, in die Nähe des Landesverrats gerückt werden. In der Geschichte der Bundesrepublik haben enthemmte konservative Inszenierer schon mehrfach zu demoralisierenden Ausgrenzungsstrategien dieser Art gegriffen und damit Raubbau an der höchst empfindlichen politischen Kultur der Demokratie betrieben.

Bei der Rote-Hände-Kampagne werden Inszenierungsmittel einer medialen Kampagne eingesetzt, um die Ebene der bloßen Inszenierung auszuhebeln. Ein solcher Theatercoup versucht die Auseinandersetzung auf die Ebene elementarer Instinkte und Emotionen – Angst und *Drohung* – herunterzuziehen, auf der Argumente prinzipiell nicht mehr verfangen können und Unterhaltsamkeit, Spiel und Täuschung verblassen. Qualität und Moral der öffentlichen Debatte werden dadurch erheblich lädiert. Dieser Fundamentalismus als ob setzt voraus oder suggeriert, er sei allein zum legitimen Inhaber der staatlichen Macht berufen. Ein guter Ort, solche Allmachtsansprüche zu überdenken ist in der parlamentarischen Demokratie allemal die Opposition.

Die Darstellung der Macht.
Rückkehr zur höfischen Öffentlichkeit

Die Macht der Darstellung läßt politische Öffentlichkeit weithin zur Darstellung der Macht schrumpfen. Die Macht hat Zugang zur Medienbühne und stellt sich den Augen des Volkes als Politik dar. Die von ihrem Spiel ablenkende Theatralisierung des öffentlichen Raums durch die Symbiose von Politik und Medien erzeugt eine alte Dichotomie auf neue Weise. Die Öffentlichkeit zerfällt in Darsteller und Voyeure, aber kaum so, daß beide Gruppen die Rollen tauschen, so wie auf einer Promenade jeder das eine Mal vor den Augen der anderen flaniert und ein anderes Mal den Flaneuren zuschaut. Die alte Dichotomie von staunendem Publikum und Darstellern der Macht verfestigt sich.

Im offiziellen Bericht einer ehrwürdigen Kommission von Experten an den damaligen Bundespräsidenten Richard von Weizsäcker aus dem Jahre 1994 wird die Diagnose im Klartext formuliert:

»Von den Politikern verlangt der Fernsehauftritt … vor allem darstellerische Qualitäten, die in keinem notwendigen Zusammenhang zu politischen Leistungen stehen, aber über den politischen Erfolg entscheiden, denn als erfolgreich gilt der Politiker mit den darstellerischen Fähigkeiten auch dann, wenn seine politischen Leistungen deutlich dahinter zurückbleiben. Umgekehrt verblassen politische Leistungen, sobald das Talent zur Media Performance fehlt. Daher bemühen sich Politiker um Anpassung an die Eigengesetzlichkeiten der Medien. ›Media Fitness‹ wird als wichtiges Ziel angestrebt, weil der mißglückte Versuch mit mangelnder Popularität und Karriereknick bezahlt wird. Eine wachsende Zahl von Politikern beugt sich zudem bereitwillig dem Wunsch des Massenpublikums nach Klatsch, präsentiert die Familie und das eigene Privatleben in Homestories und bevölkert Talk-Shows und Unterhaltungssendungen. Für die gelungene Assimilation an die medialen Anforderungen finden sich inzwischen viele prominente Beispiele.

Anpassung an die Wünsche der Medien erleichtert auch die politische Öffentlichkeitsarbeit in den Sachbereichen. In der Konkurrenz um die Öffentlichkeit haben Politiker Professionalität in der Plazierung und Inszenierung von Ereignissen wie auch in der Sachinformation entwickelt. Im Verlaufe dieser Metamorphose wandelt sich sachbezogene, auf verbindliche Entscheidungen zielende Politik zunehmend in symbolische Politik. Als Indizien für die Inszenierung von Politik werden folgende Phänomene beschrieben:

- politische Entscheidungen werden mit Fernsehzeiten abgestimmt,
- die Bedingungen der Fernsehdramaturgie werden durch entsprechendes Ereignismanagement beantwortet,
- dem fernsehdramaturgischen Prinzip der Personalisierung wird mit Stilisierung der eigenen Person und mit der Darstellung von Politik als ausschließlich von Personen getragenem Prozeß entsprochen,
- die Terminierung politischer Entscheidungen wird dem Diktat der Medienaktualität unterworfen,
- politische Statements werden dem Wunsch nach Kurzbotschaften angepaßt.

Diese vom Fernsehen provozierte Entwicklung entspricht einer Rückkehr der höfischen Öffentlichkeit, weil sich die politische Repräsentation von der Vertretung des Volkes zur Darstellung des eigenen Amtes entwickelt.«[63]

Umberto Eco, einer der führenden Theoretiker der Semiotik, hat als einer der ersten die Diskurse der ikonografischen Zeichen – vor allem der fotografischen Bilder – und ihren Gebrauch in den Werbestrategien der visuellen Rhetorik untersucht. Am Ende kam er zu der Überzeugung, daß nicht die Medien Argumentation und Verständigung wieder in ihre öffentlichen Rechte einsetzen, sondern allein von ihren Nutzern Impulse zur Veränderung der visuellen Kultur erwartet werden können.[64]

Kritische Blicke. Visuelle KULTUR

Die visuell geprägte *Kultur* spielt sich in der ganzen sozialen Welt ein. Die Entwicklung in jedem der geschilderten Bereiche trägt und forciert die in den anderen, so daß sich ein Kreislauf wechselseitiger Rückverstärkung ergibt, eben eine ganze Kultur. Der Begriff »Kultur« hat eine zweifache Bedeutung. Im *deskriptiven* Sinne *beschreibt* er die Gesamtheit der Werte, Normen, Einstellungen, Kommunikationsgewohnheiten und Orientierungsmuster in einer Gesellschaft. Im *normativen* Sinne zeichnet er diejenigen von ihnen aus, die unter zu rechtfertigenden Gesichtspunkten als *wünschenswert* oder *notwendig* erscheinen. Kulturen verändern sich zwar langsamer als Institutionen, weniger direkt, weniger planmäßig und auf andere Weise, aber sie sind keineswegs naturwüchsige Prozesse, die Gesellschaften als Schicksal überkommen und einfach nur hinzunehmen sind. Sie können sich, wie das Beispiel der politischen Kultur in Deutschland nach dem Zweiten Weltkrieg demonstriert, als Folge eines Bündels komplexer Bestrebungen gezielt verändern.

Bedarf die visuelle Kultur der Mediengesellschaft einer Veränderung? Oder anders gefragt: Ist das, was sich bislang als visuelle Kultur eingespielt hat, zu rechtfertigen, wünschenswert oder notwendig? Diese Fragen könnten unter zwei Bedingungen bejaht werden: Wenn *erstens* die neubelebte visuelle Dimension unserer Alltagskultur eine neue Weise der Sozial- und Welterfahrung eröffnen würde, die die Diskurs- und Sprachfähigkeit ergänzt, korrigiert, relativiert, erweitert, ohne zu verschütten, zu verdrängen oder zu überspielen, was im Verhältnis der Menschen zueinander, zu sich selbst und im Gemeinwesen allein durch sprachliche Verständigung geleistet werden kann. Und wenn *zweitens* die Menschen zur Welt der Bilder, in der sie leben,

eine *ästhetische Einstellung und Wahrnehmungsfähigkeit* auszubilden lernen, die sie instand setzt, sie in ihren jeweiligen Formen *als ästhetischen Diskurs* zu verstehen und zu
entziffern, statt dem »essentialistischen Trugschluß«
(*Kepplinger*) zu verfallen oder den bloß »anästhetisieren-
den« Wirkungen der wechselnden Momenteindrücke
der Bilderfluten.[65] Beides bleibt indessen allzu vielen
verwehrt, weil sie auf ihren Sozialisations- und Bildungswegen kaum Chancen hatten, solche Kompeten-
zen einzuüben und auszubilden.

Die Institutionen unserer Gegenwartskultur sind
nicht darauf eingerichtet, sie vielen zu vermitteln. Das
aber wäre die Voraussetzung für das Gedeihen einer
visuellen Kultur, die auch den normativen Ansprüchen
gerecht wird, die unter den Gesichtspunkten der *Selbst-
bestimmung*, der *Demokratie* und der *intersubjektiven Verständigung* verteidigt werden müssen. Ein Publikum, das
gutes Theater von schlechtem, den angemessenen Einsatz der Inszenierungsmittel von Feuerwerk und von Klamauk unterscheiden kann, würde sich auf die Dauer nur
mit anspruchsvolleren Inszenierungen zufriedengeben
und vor allem auf passablen Stücken bestehen.

Alles spricht dafür, daß sich, bedingt durch die audio-
visuellen Kommunikationsmedien und deren Vordringen
in die Kernbereiche der Lebenswelt, eine historisch
neuartige Grundbeziehung zwischen Bildern und Sprache ausprägt. Möglicherweise entwickelt sich im Zuge
vieler Irritationen, Selbstkorrekturen, kultureller An-
strengungen und Lernschritte allmählich ein neues
Gleichgewicht von ikonischen und symbolischen Zeichen. Die Grundbedingung dafür wäre, den Bildern zu
geben, was sie allein vermitteln können, und der Sprache

zu lassen, was nur sie zu leisten vermag. Davon sind wir heute weit entfernt. Gegenwärtig wirken die Körpersprachen und ihre Bilder durch Inszenierungsformen, die ganz auf den essentialistischen Trugschluß setzen.

Die Kompetenz zum Verständnis der Bilddiskurse muß im Gegensatz zur spontanen Wahrnehmungsweise erst erworben und kultiviert werden. *Stuart Hall* unterscheidet drei Haupttypen der Aufnahme von audio-visuellen Diskursen. Der erste ist die »dominant hegemonic position«[66]. Bei dieser Rezeptionsweise unterwirft sich der Betrachter voll und ganz einem Programm und decodiert es exakt in den codierten Formen, das heißt, die Produktion kommt mit den Bedeutungen und Wirkungen beim Empfänger an, auf die sie von ihren Produzenten berechnet wurde. Der zweite Typ ist die Rezeptionsweise des »negociated code«[67]. Sie liegt vor, wenn der Betrachter eine eigene Synthese herstellt aus dem, was die Sendung ist, und dem, was er aus ihrer distanzierten Rezeption heraus mit ihr anfangen möchte. Je nach eigener Kritikfähigkeit, Distanz, eigenen Vorstellungen, Kenntnissen, persönlichem Geschmack macht er aus dem, was die Sendung anbietet, höchst Unterschiedliches und wird im Diskurs zum mitproduzierenden Subjekt. Er bestimmt dann – in wechselnden Graden – die Wirkungen des Fernsehdiskurses ebenso mit wie das Medium. Die dritte Rezeptionsweise nennt Hall »oppositional code«[68]. In diesem Fall stellt der Betrachter den Wirkabsichten des Mediums seinen eigenen, gänzlich autonomen Bezugsrahmen entgegen und entzieht sich ihnen völlig – in der Regel, indem er abschaltet.

Es ist also durchaus möglich, sich den *naturalistischen Suggestionen in-szenierter Bilder* und des von sich ablenkenden Theaters der Politik zu entziehen, ohne die Rezeption des Angebotes bloß zu verweigern. Vieles verweist darauf, daß die Voraussetzungen von Sozialisationserfahrungen, Bildungswegen, der Einstellung zum Medium und ästhetischen Erfahrungen abhängen.[69] Eine praxisnahe Medienpädagogik in allen Bereichen des Bildungssystems wäre ein Schritt auf dem Wege zu einer visuellen Kultur, die auch den im demokratischen Rechtsstaat unverzichtbaren normativen Bedingungen der Mündigkeit entspricht. Es geht im Grunde nur um das Erlernen des *zweifachen Blicks*, der mit den Bildern stets die Regie erkennt, die sie ihm präsentiert, damit er deren Absichten nicht wehrlos zum Opfer fällt. Es geht um die Arbeit an einer wirklichen *visuellen Kultur*. Oder um das Bild von Victor Hugo und Béla Balázs wieder aufzugreifen: Die Kathedralen der neuen Medien und die Welt der Wörter müssen versöhnt werden.

Angemessenheit. Rhetorik, Theater, Politik

Wäre Politik als Theater nur Täuschung, hätte sie kaum Erfolg. Sie ist vor allem auch gesuchte Illusion und als solche die Nachfolgerin der großen Utopien, die sie an deren offensichtlichem Ende in kleiner, sinnlicher Münze verkörpert. Sie ist dem ideologischen Moment der großen Utopien überlegen, denn sie muß sich nicht auf das prekäre Geschäft einlassen, mit Argumenten den Verstand zu treffen und gar zu verführen. Sie kann sich allein auf die Bestrickung, wenn nötig auch Blendung der Sinne verlassen. Und sie vertröstet nicht auf die Freuden ferner Visionen, sondern bietet das kleine Vergnügen der unterhaltsamen Visualisierung sogleich. Sie paßt zur postmodernen Stimmung der Zeit aus Zeige- und Schaulust, Spiel und Unverbindlichkeit und einem Präsentismus, der alles sofort haben will und wenig von dem schätzt, was war und sein wird. Freilich gibt sich Politik als Theater nicht als Geist von diesem Geist zu erkennen, sondern lenkt mit großem Ernst und Aufwand systematisch davon ab, daß das Spiel ein Spiel ist.

Politik als Theater treibt politische Urteilskraft und Teilhabebereitschaft bei denen aus, die sie nicht durchschauen. Wo *das Politische* die Übereinstimmung der Geister sucht, erzeugt sie durch strategische Kommunikation eine Einstimmung der Sinne und Gemüter. Sie produziert die Illusionen des Verstehens und der Teilhabe im privaten Winkel und erspart dem einzelnen die Konfrontation der Meinungen und das Sicheinlassen auf die Welt der anderen. Sie erzeugt den Schein intimen Dabeiseins in den Zentren der Macht und hält den einzelnen doch davon ab, das kleine Stück Einfluß zu suchen, das aktive Teilhabe verschaffen könnte. Wie die Medienwelt der unterhaltsamen Bilder im ganzen betreibt vor allem die um sich greifende symbolische Schein-Politik eine scheinbar gewaltfreie, in Wahrheit aber machtvolle Austreibung des Politischen. Sie verödet den öffentlichen Raum nicht wie totalitäre Politik auf *Orwellsche*, sonderen wirksamer, weniger spektakulär und mit breiter Zustimmung auf *Huxleysche* Art. Sie verbindet die Preisgabe der Mündigkeit mit anästhetisierendem Vergnügen. Sie trägt die Illusion des Öffentlichen ins Private, aber nur, um den öffentlichen Raum durch den Privatismus der Vergnügungen der Wahrnehmung zu entpolitisieren und letztlich aus den Angeln zu heben.

In einer Demokratie wie der Bundesrepublik Deutschland kann es nicht dem Inszenierungsdruck der Medien überlassen bleiben, welche Art politischer Öffentlichkeit sich herausbildet. Das Modell einer *deliberativen Öffentlichkeit*, die realitätsnahe Informationen voraussetzt und rationale Diskurse anstrebt, wie stark auch in der Praxis die Beimischungen aus Interesse, Unterhaltung, Zuspitzung, Ideologie usw. wirksam werden mögen, ist nicht nur ein idealtypisches, sondern auch eine vom Bundesverfassungsgericht verfügte Norm. Die vielen Urteile, die von ihm über die Medien und ihren Beitrag zu einer solchen Öffentlichkeit ergangen sind, lassen sich in wenigen klaren Kernpunkten resümieren, die die Hüter der Verfassung als elementare

Voraussetzungen der im Grundgesetz festgelegten Demokratie erachten. Das Bild der politischen Welt, das die Medien hervorbringen, soll der *Information*, *Meinungs-* und *Willensbildung*, der *Bildung* allgemein und der *Unterhaltung* dienen und, damit es dies vermag, *ausgewogen*, *umfassend* und *pluralistisch* sein, in *gegenseitiger Achtung wahrhaftig*, *sachlich* informieren und *allen zugänglich* bleiben.

Die Annäherung an dieses Modell setzt ein diesen Intentionen *entgegenkommendes Kommunikationsangebot* der Politik und ein Mindestmaß an *Inszenierungsdisziplin* der Medien voraus. Es wäre von vornherein ein vergebliches Unterfangen, naiv und anmaßend zugleich, wollte man von den elektronischen Massenmedien verlangen, daß sie zur Erfüllung dieser Gebote die Selektions- und Präsentationsregeln außer acht lassen, die ihre Massenwirksamkeit bedingen, und von der Politik, daß sie sich dem Inszenierungsdruck prinzipiell widersetzt, der von der Vorab-Inszenierung der Massenmedien ausgeht, über die sie die Öffentlichkeit erreichen.

Beide könnten indessen reflektiertere und damit auf die Dauer auch *haltbarere Formen der Synthese von Medienästhetik und Politik* entwickeln, ohne den zeitökonomischen Rahmen ihres Handelns zu sprengen. Wir möchten nicht länger allzuviel von dem erfahren, was Privatsache bleiben kann, und allzuwenig von dem, was uns unbedingt angeht, weil es unser Leben bestimmen wird. Wir wollen unterhalten werden, aber nicht desinformiert, wir möchten auch die Rhetorik der großen Heroen erleben, aber nicht bloß gestellte Bilder.

Die Analyse der politischen Diskurse nach den Maßstäben des Politischen zeigt, daß kunst- und genußvolle Inszenierungen hohen Grades mit einem angemessenen Maß an Information und Argumentation keinesfalls nur Zufallstreffer sind. Sie kosten die Medien wie die Politik ein wenig mehr Zeit, Energie und Phantasie und gewiß auch eine zusätzliche Portion Risiko, aber sie sind machbar und wirken nachhaltiger als die kurze Lust der glanzvollen Inszenierung, von der nicht viel mehr bleibt als ein kurzer Weg zur Macht und ein langer Verdruß an Politik und Politikern.

Aristoteles, Rationalist und Empiriker und darum ein Freund guter Rhetorik, hat von ihr weder Wahrheit noch Gewißheit gefordert, sondern *Angemessenheit*. »Angemessenheit wird die sprachliche Formulierung besitzen, wenn sie Affekt und Charakter ausdrückt und in der rechten Relation zu dem zugrundeliegenden Sachverhalt steht.«[70] Für die mediale Inszenierung der Politik ergeben sich, als Vorschlag zur Güte, *vier Angemessenheitsbedingungen*, die jede Politikinszenierung in jedem Medium beherzigen kann, wenn sie es will. Sie verbürgen das unverzichtbare Minimum der Repräsentation des Politischen in den Formen seiner medialen Inszenierung.

(1) *Vorrang der Rhetorik vor dem Theater.* Soweit dem rhetorischen Grundsatz der Einheit von Argument, Emotion und Ethos damit gedient werden kann, mag in der Politik ein wenig Theater gespielt werden, aber unter der Regie der Rhetorik und nicht der des Als-ob. Die Sprache des Theaters und seine Inszenierungsformen sind aus der Vorab-Inszenierung der Medien nicht zu verbannen, aber das Theater-Spielen als Vortäuschung, die kunstvoll von sich ablenkt, ist wie weiland die klassische Ideologie als Objekt öffentlicher Bloßstellung zu behandeln. Dafür brauchen wir eine aufmerksame und kundige Öffentlichkeit.

(2) *Demokratiepolitische Nachhaltigkeit.* Inszenierungen müssen ihre eigenen längerfristigen Wirkungen auf das Bild, das sich die Bürger von der Politik, den Politikern und der Demokratie im

Vergleich ihrer Lebenswelt mit deren Medienschein machen, verantworten *können*.

(3) *Anschlußfähigkeit für soziale Kommunikation.* Inszenierungen politischer Diskurse sollten von den Diskursen der Zivilgesellschaft ausgehen und auf sie argumentativ zurückwirken *können*.

(4) *Entgegenkommen für gesellschaftliche Grundwerte.* Das demokratische Selbstverständnis unserer Gesellschaft beruht auf Grundwerten, die nicht zur Disposition stehen. Menschenwürde, Freiheit, Gleichheit und Solidarität sind die wichtigsten. Die Inszenierung der Politik sollte den Horizont, den die Grundwerte – weit genug – ziehen, weder überschreiten noch lädieren.

Der Informations- und Argumentationsgehalt einer politischen Inszenierung kann klein sein oder groß, dem vollen Verständnis der Sache förderlich oder abträglich und mit seinem Arrangement eine Dynamik auf mehr oder weniger Verständnis des Politischen freisetzen. Das liegt nicht am Ob, sondern allein am Wie der jeweiligen Synthese von Medienästhetik und Politik. Intelligenz, Sorgfalt und Verantwortlichkeit der Inszenierung, und, mit Brecht, ein Schuß ironischer Distanz sind unabdingbar, damit das Spiel fesselt, vieles zeigt und die Gemüter bewegt, aber nicht von dem ablenkt, worum es eigentlich geht.

Und nach dem Theater?

»Als Sieger über das Stück kann das Theater heute fast nur dann hervorgehen, wenn es ihm gelingt, das Risiko überhaupt zu vermeiden, sich durch das Stück möglichst umändern zu lassen – was ihm vorderhand beinahe immer gelingt.«

Bertolt Brecht, Schwierigkeiten des epischen Theaters

»Tatsächlich gibt es eine andere Art. Es ist dies eine Art, Theater zu spielen, bei der die Welt, die dargestellt wird, keine bloße Wunschwelt ist, wo die Welt nicht so dargestellt wird, wie sie sein sollte, sondern so wie sie ist. Es ist dies das realistische Theaterspielen.«

Bertolt Brecht, Über das Merkwürdige und Sehenswerte

Theater ist immer auch ein Fest der Sinne. Wenn der Vorhang gefallen ist, geht das Licht wieder an, und wir reiben uns verdutzt die Augen. Was haben wir gesehen? Beschäftigen die Bilder, Figuren, Texte der Aufführung uns weiter? Behält das Vergnügen für uns eine eigene Bedeutung oder ist es mit der Vorstellung für immer vorüber? Bestaunten wir nur ein Feuerwerk, grell, amüsant, atemberaubend, das keine Spuren hinterläßt, allenfalls den reuigen Gedanken, dafür soviel Geld ausgegeben zu haben.

Irgendwann ist jede Vorstellung zu Ende, selbst die des metaphysischen Theaters, das unsere Lebenszeit überdauert. Die Bundesrepublik steht nach dem Theater dieses Wahljahres am Scheideweg. Sie war in ihrer bisherigen Geschichte durch drei Phänomene gekennzeichnet, die sie substantiell von der US-amerikanischen Gesellschaft und Politik unterschied. Der *Rheinische Kapitalismus* band die Marktwirtschaft, nicht eng und durchschlagend, aber doch erkennbar, an die Grundwerte der Gerechtigkeit und der Solidarität. Die *demokratischen Volksparteien*, in unterschiedlichem Maße Diskurs-und Programmparteien, dienten als Brücken zwischen den politischen Diskursen in der Zivilgesellschaft und dem politischen System und stifteten ein Stück deliberative Öffentlichkeit. Die Medien professionalisierten zwar zunehmend ihre eigene Inszenierungskunst, griffen aber nicht ins wirkliche Privatleben der politischen Akteure über. Es gab eine respektierte Grenze zwischen dem Politischen und dem Privaten.

Es wird sich zeigen, ob die zwiespältigen Erfahrungen mit Inszenierungslust und Inszenierungsfrust im theatralischen Wahlkampfjahr 1998 auch hierzulande einer ungehemmten Amerikanisierung politischer Kommunikation zum Durchbruch verhelfen oder Nachdenken und Selbstkorrektur auslösen. Es kann der Politik nicht bekommen und wird der Demokratie mit Sicherheit schaden, wenn Politik auf die Dauer zum Theater wird. Dabei geht es weder um Prüderie noch um elitäre Verachtung der Massenkommunikation. Es geht um Angemessenheit.

Politik zielt auf Macht, wenn sie redlich ist, auf Macht für humane Zwecke. Keine Politik stellt sich selber dar, schon gar nicht in der

Mediengesellschaft. Politik erscheint uns gewinnend, wenn sie unsere Hör- und Schaulust befriedigt. Inszenierung kann die Breitenwirkung politischer Kommunikation fördern, von der die Demokratie lebt. Spannende Geschichten gut erzählen, diffizile Sachlagen informativ und unterhaltsam verdichten, große Entwürfe, sofern es sie gibt, anschaulich verkörpern – das alles sind Chancen der Politikvermittlung in der Mediengesellschaft. Warum sollten Medien und Politik dabei nicht auch vom Theater lernen? Die Macht, die Darstellung über uns gewinnt, kann in der Überzeugungskraft des Dargestellten wurzeln oder allein der Kunst ihrer Darstellung entspringen. Das Produkt der Inszenierung kann Politik sein oder Schein.

Das Geschäft der Politik sollte auch in der Mediengesellschaft vor allem darin bestehen, Politik zu machen und sie sodann gewinnend zu inszenieren. Das Geschäft der Medien ist es, Politik so darzustellen, daß viele hinschauen, aber das Geschaute Politik bleibt. Inszenierungskritik kann zur Triebfeder dafür werden gegenüber der Politik und im Verhältnis der Medien zueinander.

Politik lebt von guter Rhetorik und Politikvermittlung von einem Schuß Theater – Theater, das sich zum Theater bekennt, unterhaltsam und eindrücklich zeigt, was geschieht, statt vorzuspielen, was nicht geschieht, und dabei von sich abzulenken.

Im Maße, wie bei der Vermittlung von Politik ein politischer oder Medien-Akteur A für ein Publikum S ein X darstellt, das sich beim besonnenen Nachdenken in wirkliches Handeln und klare Absichten auflöst und sich zur Darstellung bekennt, müssen Anleihen beim Theater nicht Politik als ob produzieren. Theater bleibt dann Theater, und Politik bleibt dann Politik. Das ist auch in der Mediengesellschaft möglich. Werden wir es, wollen wir es lernen?

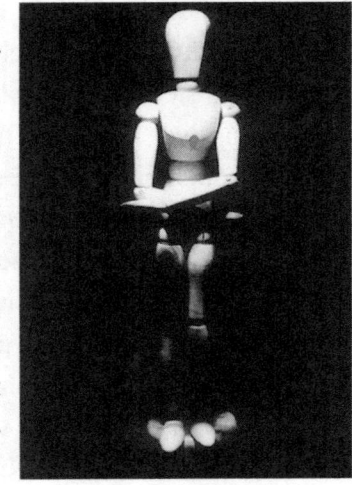

Danksagung

Für viele Anregungen, in der Differenz und im Widerspruch nicht weniger als in der Übereinstimmung, dankt der Verfasser des Textes sehr herzlich der Berliner Theaterwissenschaftlerin Professor Dr. Erika Fischer-Lichte, die in dem von ihr initiierten und geleiteten DFG-Forschungsschwerpunkt »Theatralität als interdisziplinäres Diskurselement in den Kulturwissenschaften« einen Diskurs über Theatralität weit über die engeren Fachgrenzen hinweg ermöglicht hat. Besonderer Dank für mehrjährige intensive Gespräche zum Thema gilt den Kollegen aus dem speziell der politischen Kommunikation gewidmeten Dortmunder Teil dieses Forschungsprojektes: Professor Dr. Hartmut Neuendorff (Soziologie), Rüdiger Ontrup (Theaterwissenschaft), Professor Dr. Günter Rager (Journalistikwissenschaft), Ricarda Reik (Journalistin), Lars Rinsdorf (Journalist), Dr. Christian Schicha (Philosophie) sowie Herrn Privatdozenten Dr. Udo Vorholt für wertvolle Hilfe.

Der vorliegende Essay ist gleichwohl nur zum kleineren Teil direkt den im Forschungsprojekt erörterten Fragen gewidmet. Er befaßt sich überwiegend mit Themen, die den dort behandelten Aspekten zugrunde liegen oder über sie hinausweisen. Der Text repräsentiert in allen Teilen ausschließlich die im Hinblick auf die laufenden Ereignisse zugespitzte persönliche Meinung des Verfassers und führt dessen früher publizierte Gedanken zur »Inszenierung des Scheins« (Frankfurt/Main 1992) weiter.

Für freundliche Hilfe bei der Erstellung und Beschaffung des Bildmaterials danken beide Verfasser sehr herzlich der Universität Hamburg, Arbeitsstelle Politische Ikonographie des Kunstgeschichtlichen Seminars, Warburg-Haus, besonders Herrn Dr. Matthias Bruhn; dem Schauspielhaus Bonn, besonders dem Dramaturgen Hermann Wündrich, dem Regisseur des Stückes »Spurlos«, Christoph Rech, sowie den Schauspielern Michael Prelle und Andreas Schröders, die uns die abgebildeten Probeaufnahmen ermöglicht haben; dem Pantomimen, Pantomimiklehrer und Dozenten für Pantomimik Werner Müller, der auf den abgebildeten Fotos die in den Umfragen erhobenen Politikereigenschaften gespielt hat; dem Leiter des Archivs des Erich-Ollenhauer-Hauses, Bonn, Peter Munkelt; Bibliothek und Archiv der Friedrich-Ebert-Stiftung, Wolfgang Budde-Roth und Dr. Ulrich Cartarius.

Wie immer sind die beiden Verfasser für Inhalt und Form ihres Produktes allein verantwortlich.

Anmerkungen

1 Der SPIEGEL, 15/1995.
2 Ebenda.
3 Ontrup, Rüdiger: Von der Ver-Körperung zur Entkörperlichung des Bildes. Unveröffentlichtes Arbeitspapier, Universität Dortmund, Fachbereich 14 (Politikwissenschaft).
4 Der SPIEGEL, 18/1998.
5 Vgl. dazu Soeffner, Hans-Georg (1988).
6 Fiebach, Joachim (1996), S. 9.
7 Vgl. dazu Ludes, Peter (1993).
8 Balázs, Béla (1982), S. 51 f.
9 Ebenda, S. 52.
10 Ebenda, S. 54.
11 Ebenda, S. 53.
12 Ebenda, S. 56.
13 Ebenda, S. 55 u. 53 f.
14 Ebenda, S. 57.
15 Vgl. Ludes, Peter (1993).
16 Eine ausführliche Darstellung mit empirischen Belegen zum folgenden findet sich in: Flaig, Berthold Bodo/Meyer, Thomas/Ueltzhöffer, Jörg (1993).
17 Vgl. den weitausgreifenden Sammelband: Welsch, Wolfgang (Hg.) (1993).
18 Welsch, Wolfgang (1991), S.77, S. 9 und S. 15.
19 McLuhan, Marshall (1995).
20 Baudrillard, Jean (1978).
21 Das ist das zentrale Thema in den Schriften von Neil Postman, vgl. vor allem: Wir amüsieren uns zu Tode. Frankfurt/M. 1985.
22 Vgl. dazu genauer: Meyer, Thomas (1992).
23 Vgl dazu Kepplinger, Hans Matthias (1987).
24 Vgl. Peirce, Charles S. (1983); Morris, Charles W. (1972); Eco, Umberto (1991).
25 Höchst informativ: Eco, Umberto (1991), S. 195 ff.
26 Vgl. Kepplinger, Hans Mathias (1987).
27 Vgl. McLuhan, Marshall (1995).
28 Neuere soziologische Untersuchungen über die Bedeutung der *Alltagsästhetik für Identitätsbildung und Gruppenzuordnung* der Individuen demonstrieren die gewichtige Rolle der *Ästhetisierung von Lebensweisen* für die Kultur der Gegenwart. Vgl. vor allem Schulze, Gerhard (1992).
29 Ebenda, S. 253.
30 McLuhan, Marshall (1995).
31 Über die *Selektionslogik*, die Gesamtheit der Regeln, nach denen Ereignisse oder Eigenschaften von Ereignissen in der Welt von den Massenmedien als darstellenswert erachtet werden, hat die empirische Kommunikationsforschung grundlegende Einsichten gewonnen. Vgl. Schulz, Winfried (1990).
32 Fischer-Lichte, Erika (1994). S. 25 u. S. 6.
33 Ebenda, S. 19.
34 Brecht, Bertolt (1963), S. 674.
35 Aristoteles (1980), S. 12 f.

36 Brecht, Bertolt (1963), S. 663.
37 Vgl. Fiebach, Joachim (1996).
38 Arendt, Hannah (1993).
39 Plasser, Fritz (1985).
40 Sarcinelli, Ulrich (1987).
41 Vgl. dazu Willems, H./Jurga, M. (Hg.) (1998).
42 Das Modell hat der Berliner Theaterwissenschaftler Rüdiger Ontrup im Rahmen gemeinsamer
     Arbeit an einem größeren Forschungsprojeht entwickelt. Details und die dabei ins Spiel ge-
     brachte Terminologie werden erläutert in: Meyer, Thomas/Ontrup, Rüdiger (1998a).
43 Vgl. dazu den Beitrag von Christian Schicha in ebenda.
44 Vgl. dazu Boorstin, Daniel (1963).
45 Vgl. ebenda.
46 Sturani, Enrico (1995).
47 Vgl. Sarcinelli, Ulrich (1987); Meyer, Thomas (1992).
48 Vgl. Sarcinelli, Ulrich (1987).
49 Burke, Peter (1993).
50 Ebenda, S. 239.
51 Ebenda, S. 240.
52 Vgl. zu dieser Verbindung vor allem Schwartzenberg, R. (1980).
53 Vgl. Edelman, Murray (1990).
54 Sarcinelli, Ulrich (1987).
55 Schwartzenberg, R. (1980).
56 Meyrowitz, Joshua (1987).
57 Vgl. ebenda.
58 Bertolt Brecht, Ein fähiger Schauspieler. Begegnung mit Adolf Hitler. In: DER SPIEGEL, Nr.
     50/1996, S. 234–236.
59 DER SPIEGEL, 13/1998.
60 Leinemann, Jürgen (1998), S. 115.
61 Vgl. Werner Holzer (1996). In: Bertelsmann-Stiftung (Hg.) 1996.
62 Vgl. Axel Vornbäumen, Ferngesteuertes Irrlicht. In: Frankfurter Rundschau, 27. 4. 1998.
63 Bericht zur Lage des Fernsehens für den Präsidenten der Bundesrepublik Deutschland, Rich-
     ard von Weizsäcker. O. O. 1994, S. 105.
64 Vgl. Eco, Umberto (1991).
65 Vgl. dazu den höchst informativen Aufsatz von Wolfgang Welsch: Ästhetik und Anästhetik. In:
     ders. (1991).
66 Hall, Stuart (1980), S. 128 f.
67 Ebenda, S. 137.
68 Ebenda, S. 138.
69 Detailliert wird dieser Sachverhalt erörtert in: Meyer, Thomas (1994), S. 144 ff.
70 Ebenda, S. 181.

Literatur

Altheide, David L./Snow, Robert P., 1979: Media logic. Beverly Hills, CA.
Altheide, David L./Snow, Robert P., 1988: Toward a theory of mediation. In : Anderson, James A.
     (Hg.): Communication Yearbook 11.
Arendt, Hannah, 1993: Was ist Politik? Aus dem Nachlaß herausgegeben von Ludz, Ursula. Mün-
     chen.
Argyle, Michael, 1972: Nonverbal Communication in Human Social Interaction. In: Hinde, Robert
     A. (ed.): Non-verbal Communication. Cambridge, S. 243–268.
Argyle, Michael, 1979: Körpersprache und Kommunikation. Paderborn.
Aristoteles, 1980: Rhetorik. Übersetzt, mit einer Bibliographie, Erläuterungen und einem Nach-
     wort von Franz G. Sieveke. München.

Arnold, Sabine/Fuhrmeister, Christian/Schiller, Dietmar (Hg.), 1997: Politische Inszenierung im 20. Jahrhundert. Zur Sinnlichkeit der Macht. Böhlau/Wien/Köln.

Baerns, Babara, 1985: Öffentlichkeitsarbeit oder Journalismus? Zum Einfluß des Mediensystems. Köln.

Balázs, Béla, 1982: Schriften zum Film. Erster Band: »Der sichtbare Mensch«. Kritiken und Aufsätze 1922–1926. Hrsg. von Helmut H. Diederichs, Wolfgang Gersch und Magda Nagy. Budapest, München, Berlin (Ost).

Ballstaedt, S. P., 1977: Eine Inhaltsanalyse zum Filmjournalismus bei »heute« und »Tagesschau«. In: Publizistik, Heft 4, S. 443–449.

Baudrillard, Jean, 1978: Agonie des Realen. Berlin.

Baudrillard, Jean, 1982: Der symbolische Tausch und der Tod. München.

Beckmeier, Sigrid, 1987: Nonverbale Kommunikation in der TV-Werbung. Eine empirische Studie. Paderborn.

Bennett, W. Lance, 1988: News: The politics of illusion. New York/London.

Bertelsmann Stiftung (Hg.): Politik überzeugend vermitteln. Wahlkampfstrategien in Deutschland und den USA. Gütersloh.

Blumler, Jay G./Mc Quail, Denis, 1968: Television in Politics: its uses and influence. London.

Böckelmann, Frank (Hg.), 1989: Medienmacht und Politik. Mediatisierte Politik und politischer Wertewandel. Berlin.

Bodensieck, H., 1985: Gebäude-Hintergründe in Nachrichtensendungen westdeutscher Fernsehanstalten. In: Bentele, Günther/Hess-Lüttich, Ernest W.B. (Hg.): Zeichengebrauch in Massenmedien. Zum Verhältnis von sprachlicher und nichtsprachlicher Information in Hörfunk, Film und Fernsehen. Tübingen, S. 167–191.

Bolz, N., 1990: Theorie der neuen Medien. München.

Bolz, N., 1993: Am Ende der Gutenberg-Galaxis: Die neuen Kommunikationsverhältnisse. München.

Bonfadelli, Heinz, 1983: Der Einfluß des Fernsehens auf die Konstruktion der sozialen Realität: Befunde aus der Schweiz zur Kultivierungshypothese. In: Rundfunk und Fernsehen, Heft 31, S. 415–430.

Boorstin, Daniel, 1961: The Image or What happened to the American Dream. New York.

Bosshart, L., 1991: Infotainment im Spannungsfeld von Information und Unterhaltung. In: Medienwissenschaft, Schweiz, Heft 2, S. 1–4.

Brecht, Bertolt, 1963: Schriften zum Theater. Band 5: 1937–1951. Frankfurt/Main.

Brosius, Hans Bernd, 1995: Alltagsrationalität in der Nachrichtenrezeption. Ein Modell zur Wahrnehmung und Verarbeitung von Nachrichteninhalten. Opladen.

Bruns, Thomas/Marcinkowski, Frank, 1997: Politische Information im Fernsehen: Eine Längsschnittstudie zur Veränderung der Politikvermittlung in Nachrichten und politischen Informationssendungen. Opladen.

Burke, Peter, 1993: Ludwig XIV. Inszenierung des Sonnenkönigs. Berlin.

Bysestrina, Ivan, 1981: Kulturelle und filmische Codes. In: Bentele, Günther (Hg.), Semiotik und Massenmedien. München.

Dasgupta, Gautam, 1988: The Theatricks of Politics. In: Performing Arts Journal XI., Nr. 2.

Deleuze, Gilles, 1998: Das Bewegungs-Bild. Frankfurt/Main.

Diers, Michael, 1997: Schlagbilder. Zur politischen Ikonographie der Gegenwart. Frankfurt/Main.

Diers, Michael, 1985: Nur „Bilder von Diskussionen"? Zur visuellen Inszenierung von politischer Werbung als Fernsehdiskussion. In: Bentele, Günther / Hess-Lüttich, Ernest W. B. (Hg.): Zeichengebrauch von Massenmedien. Zum Verhältnis von sprachlicher und nichtsprachlicher Information in Hörfunk und Fernsehen. Tübingen.

Donsbach, Wolfgang (in Zusammenarbeit mit Bettina Klett), 1996: Wie Massenmedien Wahlen beeinflussen. Der Medientenor im Bundestagswahlkampf 1994. In: Oberreuter, Heinrich (Hg.): Parteiensystem am Wendepunkt? Wahlen in der Fernsehdemokratie. München und Landsberg am Lech, S. 121–136.

Donsbach, Wolfgang, 1982: Legitimationsprobleme des Journalismus. Gesellschaftliche Rolle der Massenmedien und berufliche Einstellung von Journalisten. Freiburg/München.

Dorer, J., 1997: Die Bedeutung der PR-Kampagnen für den öffentlichen Diskurs. In: Röttger, U. (Hg.): PR-Kampagnen. Über die Inszenierung von Öffentlichkeit. Opladen, S. 55–72.

Eco, Umberto, 1985: Zufall und Handlung. Fernseherfahrung und Ästhetik. In: Prokop, Dieter (Hg.): Medienforschung. Band 3: Analysen, Kritiken, Konzepte. Frankfurt/Main, S. 441–463.

Eco, Umberto, 1984: Spektakel – Kultur. In: Theater heute, Heft 11.

Eco Umberto, 1991: Einführung in die Semiotik. München.

Edelmann, Murray, 1990: Politik als Ritual. Die symbolische Funktion staatlicher Institutionen und politischen Handelns. Frankfurt/Main.

Eilders, Christiane, 1997: Nachrichtenfaktoren und Rezeption. Eine empirische Analyse zur Auswahl und Verarbeitung politischer Information. Opladen.

Elsner, Monika/Müller, Thomas, 1988: Der angewachsene Fernseher. In: Gumbrecht, H. U./Pfeiffer, K. L. (Hg.): Materialität der Kommunikation. Frankfurt/Main, S. 392–416.

Emmerich, Andreas, 1984: Nachrichtenfaktoren: Die Bausteine der Sensationen. Eine empirische Studie zur Theorie der Nachrichtenauswahl in den Rundfunk- und Zeitungsredaktionen. Saarbrücken.

Faulstich, W., 1991: Medientheorien. Göttingen.

Fiebach, Joachim, 1978: Brechts Straßenszene. Versuch über die Reichweite eines Theatermodells. In: Weimarer Beiträge, Heft 2, S. 123–147.

Fiebach, Joachim, 1986: Die Toten als die Macht der Lebenden. Zur Theorie und Geschichte des Theaters in Afrika. Berlin.

Fiebach, Joachim, 1996: Spektakel der Moderne. Bausteine zu einer Kulturgeschichte der Medien und des darstellenden Verhaltens. Berlin.

Flaig, Berthold Bodo/Meyer, Thomas/Ueltzhöffer, Jörg, 1993: Alltagsästhetik und politische Kultur. Zur ästhetischen Dimension politischer Bildung und politischer Kommunikation. 2. Aufl. Bonn.

Flusser, Vilém, 1997: Medienkultur. Frankfurt/Main.

Freedberg, D., 1989: The Power of Images. Studies in the History and Theory of Response. Chicago/London.

Frey, S./Hirsprunner, H.-P./Proll, J./Daw, W., 1981: Das Berner System zur Untersuchung nonverbaler Interaktion. In: Winkler, Peter (Hg.): Methoden der Analyse von Face - to Face - Situationen. Stuttgart.

Galtung, J./Holmboe, Ruge M., 1965: The Structure of foreign News. The Presentation of the Congo, Cuba and Cyprus Crises in four Norwegian Newspapers. In: Journal of Peace Research, Vol. 2., S. 64–91.

Gerhards, Jürgen, 1993: Neue Konfliktlinien in der Mobilisierung der öffentlichen Meinung. Eine Fallstudie. Opladen.

Graber, Doris A., 1984: Processing the news. How People Tame the Information Tide. New York/London.

Graf, Gerhard, 1985: Komplementäre Zeichen zur Interaktion von verbalem und nonverbalem Verhalten im Fernsehen. In: Bentele, Günther/Hess-Lüttich, Ernest W.B. (Hg.): Zeichengebrauch in Massenmedien. Zum Verhältnis von sprachlicher und nichtsprachlicher Information in Hörfunk, Film und Fernsehen. Tübingen.

Greiffenhagen, M., 1994: Schöner Staat? Anmerkungen zu einer Ästhetik des Politischen. In: Greven, M. Th. (Hg.), Politikwissenschaft als kritische Theorie. Festschrift für K. Lenk. Freiburg.

Gumbrecht, Hans Ulrich/Pfeffer, K. Ludwig (Hg.), 1988: Materialität der Kommunikation. Frankfurt/Main.

Hagen, Lutz M., 1995: Informationsqualität von Nachrichten. Meßmethoden und ihre Anwendung auf die Dienste von Nachrichtenagenturen. Opladen.

Hall, Stuart, 1980: Encoding/Decoding. In: Culture, Media, Language. Working papers in Cultural Studies. 1972–1979. London.

Haug, Wolfgang F., 1980: Warenästhetik und kapitalistische Massenkultur I . Werbung und Konsum. Systematische Einführung. Berlin.

Hess-Lüttich, Ernest W. B., 1982: Multimedial Communication. Vol.1: Semiotic Problems of its Notation. Vol. 2: Theatre Semiotics. Tübingen.

Hiß, Guido, 1993: Der theatralische Blick. Einführung in die Aufführungsanalyse. Berlin.

Holly, W./Kühn, P./Püschel, U., 1986: Politische Fernsehdiskussionen. Zur medienspezifischen Inszenierung von Propaganda als Diskussion. Tübingen.

Holtz-Bacha, Christina/Kaid, Lynda Lee (Hg.), Wahlen und Wahlkampf in den Medien. Untersuchungen aus dem Wahljahr 1994. Opladen, S. 177–207.

Holtz-Bacha, Christina/Kaid, Lynda Lee, 1996: »Simply the best«. Parteienspots im Bundestagswahlkampf 1994 – Inhalte und Rezeption.

Holtz-Bacha, Christina, 1990: Ablenkung oder Abkehr von der Politik? Mediennutzung im Geflecht politischer Orientierungen. Opladen.

Huth, L., 1985: Zur handlungstheoretischen Begründung der verbalen und visuellen Präsentation in Fernsehnachrichten. In: Bentele, G./Hess-Lüttich, Ernest W. B. (Hg.): Zeichengebrauch in Massenmedien. Zum Verhältnis von sprachlicher und nichtsprachlicher Information in Hörfunk, Film und Fernsehen. Tübingen, S. 128–137.

Jarren, Otfried, 1996: Auf dem Weg in die »Mediengesellschaft«? Medien als Akteure und institutionalisierter Handlungskontext. Theoretische Anmerkungen zum Wandel des intermediären Systems. In: Imhof, Kurt/Schulz, Peter (Hg.): Politisches Raisonnement in der Informationsgesellschaft. Zürich, S. 79–96.

Jarren, Otfried/Bode, Markus, 1996: Ereignis- und Medienmanagement politischer Parteien. Kommunikationsstrategien im »Superwahljahr« 1994. In: Bertelsmann Stiftung (Hg.): Politik überzeugend vermitteln. Wahlkampfstrategien in Deutschland und den USA. Gütersloh, S. 65–114.

Jarren, Otfried/Arlt, H. J., 1997: Kommunikation. Macht. Politik. Konsequenzen der Modernisierungsprozesse für die politische Öffentlichkeitsarbeit. In: WSI Mitteilungen, Heft 7, S. 480–486.

Jarren, Otfried/Saxer, Ulrich/Sarcinelli, Ulrich (Hg.), 1997: Politische Kommunikation in der demokratischen Gesellschaft. Ein Handbuch mit Lexikon. Opladen.

Jaubert, Hain, 1980: Fotos, die lügen. Politik mit gefälschten Bildern. Frankfurt/Main.

Kaase, M./Langenbucher, W. R. (Hg.), 1986: Medienwirkung auf Gesellschaft und Politik. In: Medienforschung in der Bundesrepublik Deutschland. Enquête der Senatskommission für Medienforschung. DFG. Weinheim.

Kaase, M./Schulz, W. (Hg.), 1989: Massenkommunikation. Theorie, Methoden, Befunde. Opladen.

Kämpfer, Frank, 1997: Propaganda. Politische Bilder im 20. Jahrhundert. Bildkundliche Essays. Hamburg.

Kamps, Klaus/Meckel, Miriam (Hg.), 1998: Fernsehnachrichten. Prozesse, Strukturen, Funktionen. Opladen/Wiesbaden.

Kepplinger, Hans Mathias, 1987: Darstellungseffekte. Experimentelle Untersuchungen zur Wirkung von Pressefotos und Fernsehfilmen. München.

Kepplinger, Hans Mathias, 1993: Medien und Politik. In: Bertelsmann Briefe. Heft 129, S. 20–23.

Kepplinger, Hans Mathias/Brosius, Hans-Bernd/Dahlem, Stefan, 1994: Wie das Fernsehen Wahlen beeinflußt. Theoretische Modelle und empirische Analysen. München.

Kepplinger, Hans Mathias/Rettich, Markus, 1996: Publizistische Schlagseiten. Kohl und Scharping in Presse und Fernsehen. In: Holtz-Bacha, Christina/Lee Kaid, Lynda (Hg.): Wahlen und Wahlkampf in den Medien. Untersuchungen aus dem Wahljahr 1994. Opladen, S. 80–100.

Kiefer, Marie-Luise, 1996: Massenkommunikation V. Eine Langzeitstudie zur Mediennutzung und Medienbewertung 1964–1995. Baden-Baden.

Lang, Gladys E./Lang, Kurt, 1983: The Battle for Public Opinion. The President, the Press and the Polls during Watergate. New York.

Lange, Klaus, 1981: Das Bild der Politik im Fernsehen. Die filmische Konstruktion einer politischen Wirklichkeit in den Fernsehnachrichten. Frankfurt/Main.

Langenbucher, Wolfgang R. (Hg.), 1979: Politik und Kommunikation. Über die öffentliche Meinungsbildung. München und Zürich.

Lazarsfeld, Paul F./Berelson, Bernard/Gaudet, Hazel, 1944: The Peoples Choise. How the Voter Makes up his Mind in a Presidential Campaign. New York.

Leinemann, Jürgen, 1998: Helmut Kohl. Die Inszenierung einer Karriere. Berlin 1998.

Lenk, Kurt, 1996: Politik als Theater. In: Zeitschrift für kritische Theorie. Heft 2, S. 111 bis 122.

Lippmann, Walter, 1922: Puplic Opinion. New York (dt. Die öffentliche Meinung. München 1964).

Lodziak, C., 1986: The Power of Television: A Critical Appraisal. London.

Ludes, Peter., 1993: Von der Nachricht zur News Show. München.

Luhmann, Niklas, 1984: Soziale Systeme. Frankfurt/Main.

Luhmann, Niklas, 1988: Die Wirtschaft der Gesellschaft. Frankfurt/Main.

Luhmann, Niklas, 1996: Die Realität der Massenmedien. 2., erw. Aufl. Opladen.

Lyotard, Jean F., 1982: Essays zu einer affirmativen Ästhetik. Berlin.

Mattenklott, Axel/Donsbach, Wolfgang/Brosius, Hans-Bernd, 1995: Die Realität des Fernsehzuschauers: Die Illusion des Augenzeugen. In: Franzmann, Bodo/Fröhlich, Werner/Hoffmann, Hilmar/Spörri, Balz/Zitzelsperger, Rolf (Hg.): Auf den Schultern von Gutenberg. Medienökologische Perspektiven der Fernsehgesellschaft. Berlin/München, S. 252–263.

Maturana, H.R., 1982: Erkennen: Die Organisation und Verkörperung von Wirklichkeit. Ausgewählte Arbeiten zur biologischen Epistemologie. Braunschweig.

McLuhan, Marshall, 1995: Die magischen Kanäle. Basel (Originalausgabe Understanding Media. 1964).

Meadow, Robert G., 1980: Politics as Communication and the Public Interest. London.

Merten, Klaus, 1977: Kommunikation. Ein Begriff der Prozeßanalyse. Opladen.

Merten, Klaus, 1985: Zur Struktur non-verbaler Texte. In: Bentele, Günter/Hess-Lüttich, Ernest W.B. (Hg.): Zeichengebrauch von Massenmedien. Zum Verhältnis von sprachlicher und nichtsprachlicher Information in Hörfunk und Fernsehen. Tübingen.

Meyer, Thomas, 1992: Die Inszenierung des Scheins. Voraussetzungen und Folgen symbolischer Politik. Frankfurt/Main.

Meyer, Thomas, 1994: Die Transformation des Politischen. Frankfurt/Main.

Meyer, Thomas, 1977: Verfügungsmacht, Wettbewerb und Präsentationslogik. In: Schatz, Heribert u.a. (Hg.): Macht-Konzentration in der Multimediagesellschaft. Opladen.

Meyer, Thomas/Ontrup, Rüdiger, 1998: Das »Theater« des Politischen. Politik und Politikvermittlung im Fernsehzeitalter. In: Willems, H./Jurga, M. (Hg.): Inszenierungsgesellschaft. Opladen.

Meyer, Thomas/Ontrup, Rüdiger/Schicha, Christian, 1998a: Von der Ver-Körperung der Politik zur Entkörperlichung im Bild. Körperkonstrukte und Bildfunktionen in politischen Fernsehsendungen. Unveröffentlichtes Manuskript. Universität Dortmund. Fachbereich 14 (Politikwissenschaft).

Meyer, Thomas/Ontrup, Rüdiger/Schicha, Christian, 1998b: Die Theatralität des politischen Weltbildes. Politikinszenierung zwischen medialem und politischem Eigenwert. In: Fischer-Lichte, Erika (Hg.): Inszenierung von Authentizität. Tübingen.

Meyer, Thomas, 1998c: Aufklärung durch politische Informationsdiskurse der Massenmedien. Schwerpunkt Fernsehen. Demokratietheoretische und demokratiepolitische Fragen.Unveröffentlichtes Manuskript. Universität Dortmund. Fachbereich 14 (Politikwissenschaft).

Meyer, Thomas, erscheint 1998d: Das Theater der Politik. In: Göttlich, Udo/Nieland, Jörg-Uwe/ Schatz, Heribert: Kommunikation im Wandel. Zur Theatralität der Medien. Köln.

Meyrowitz, Joshua, 1987: Fernseh-Gesellschaft. Wirklichkeit und Identität im Medienzeitalter. Weinheim.

Morris, Charles W., 1972: Grundlagen der Zeichentheorie. Ästhetik und Zeichentheorie. Mit einem Nachwort v. Friedrich Knilli. München.

Morris, Charles W., 1980: Symbolik und Realität. Mit einer Einleitung herausgegeben und übersetzt v. A. Eschbach. Frankfurt/Main.

Neuberger, Christoph, 1993: Acht Tricks, die Wirklichkeit zu überlisten. Wie die Massenmedien den Bedarf an Unglücksmeldungen stillen. In: Medium 23, Nr. 2, S. 12–15.

Nimmo, Dan/Combs, Jams, 1983: Mediated Political Realities. New York.

Nimmo, Dan/Savage, Robert, 1976: Candidates and their Images. Concepts, Methods and Findings. Pacific Palisades.

Noelle-Neumann, Elisabeth, 1980: Die Schweigespirale. Öffentliche Meinung – unsere soziale Haut. München/Zürich.

Oberreuter, Heinrich, 1982: Übermacht der Medien. Erstickt die demokratische Kommunikation? Zürich/Osnabrück.

Ontrup, Rüdiger, 1998: Die Macht des Theatralischen und die Theatralität der Macht. In: Göttlich, Udo/Nieland, Jörg-Uwe/Schatz, Heribert: Kommunikation im Wandel. Zur Theatralität der Medien. Köln.

Patterson, Thomas E./Mc Clure, Robert D., 1976: Unseeing Eye. The Myth of the Television Power in National Elections. New York.

Peiser, Wolfram, 1996: Die Fernsehgeneration. Eine empirische Untersuchung ihrer Mediennutzung und Medienbewertung. Opladen.

Pfetsch, Barbara, 1993: Strategien und Gegenstrategien – Politische Kommunikation bei Sachfragen. In: Beziehungsspiele – Medien und Politik in der öffentlichen Diskussion. Fallstudien und Analysen. Gütersloh, S. 45–110.

Peirce, Charles S., 1983: Phänomen und Logik der Zeichen. Frankfurt/Main.

Plasser, Fritz, 1985: Elektronische Politik und politische Technostruktur reifer Industriegesellschaften. Ein Orientierungsversuch. In: Plasser, Fritz/Ulram, Peter A./Welan, Manfred (Hg.): Demokratierituale. Zur politischen Kultur der Informationsgesellschaft. Wien, S. 9–31.

Plasser, Fritz, 1989: Medienlogik und Parteienwettbewerb. In: Frank E. Böckelmann (Hg.): Medienmacht und Politik. Mediatisierte Politik und politischer Wertewandel. Berlin, S. 207–218.

Plessner, Helmut, 1976: Die Frage nach der Conditio humana. Aufsätze zur philosophischen Anthropologie. Frankfurt/Main.

Posner, Ronald/Reinecke, Hans Peter, 1977: Zeichenprozesse. Semiotische Forschung in den Einzelwissenschaften. Wiesbaden.

Postman, Neil, 1985: Wir amüsieren uns zu Tode. Urteilsbildung im Zeitalter der Unterhaltungsindustrie. Frankfurt/Main.

Ray, M. L., 1973: Marketing Communication and the Hierarchy of Effects. In: Clarke, P. (Hg.): New Models of Mass Communication Research. Beverly Hills/London.

Reichel, Peter, 1991: Der schöne Schein des Dritten Reiches. Faszination und Gewalt des Faschismus. München/Wien.

Sarcinelli, Ulrich, 1987: Symbolische Politik. Zur Bedeutung symbolischen Handelns in der Wahlkampfkommunikation der Bundesrepublik Deutschland. Opladen.

Saxer, Ulrich, 1993: Public Relations und Symbolpolitik. In: Armbrecht, W./Avenarius, H./Zabel, U. (Hg.): Image und PR. Opladen.

Schenk, Michael, 1987. Medienwirkungsforschung. Tübingen.

Scherer, Klaus R., 1977: Die Funktion des nonverbalen Verhaltens im Gespräch. In: Wegener, Dirk (Hg.): Gesprächsanalysen. Hamburg, S. 275–297.

Scherer, Klaus R./Wallbott, H. G./Scherer, U., 1979: Methoden zur Klassifikation von Bewegungsverhalten: Ein funktionaler Ansatz. In: Zeitschrift für Semiotik, Heft 1, S. 117–192.

Scherer, Klaus R./Wallbott, H. G. (Hg.), 1984: Nonverbale Kommunikation. Forschungsberichte zum Interaktionsverhalten. Weinheim.

Schicha, Christian, 1997: Grundlagen der Kommunikationspolitik in Deutschland nach Urteilen des Bundesverfassungsgerichts. Unveröffentlichtes Arbeitspapier. Universität Dortmund, FB 14, Politikwissenschaft.

Schicha, Christian, 1997: Normative Anforderungen an die Vermittlung massenmedialer Aussagen. Unveröffentlichtes Arbeitspapier. Universität Dortmund, FB 14 , Politikwissenschaft.

Schmidt, S. J.,1987: Der Diskurs des radikalen Konstruktionismus. Frankfurt/Main.

Schönbach, Klaus/Eichhorn, Wolfgang, 1992: Medienwirkungen und ihre Ursachen. Wie wichtig sind Zeitungsberichte und Leseinteressen? Konstanz.

Schönbach, Klaus, 1977: Trennung und Nachricht und Meinung. Empirische Untersuchung eines Qualitätskriteriums. Freiburg/München.

Schönbach, Klaus, 1983: Das unterschätzte Medium. Politische Wirkungen von Presse und Fernsehen im Vergleich. München.

Schönbach, Klaus, 1992: Transaktionale Modelle der Medienwirkung: Stand der Forschung. In: Schulz, Winfried (Hg.): Medienwirkungen. Einflüsse von Presse, Radio und Fernsehen auf Individuum und Gesellschaft. Weinheim, S. 109–119.

Schönbach, Klaus, 1996: The »Americanization« of German Election Campaigns: Any impact on the voters? In: Swanson, David/Mancini, Paolo (Hg): Politics, Media and Modern Democracy. An International Study of Innovations in Electoral Campaigning and their Consequences. Westport, Conn., S. 91–104.

Schramm, Helmar, 1990: Theatralität und Öffentlichkeit. Vorstudien zur Begriffsgeschichte von Theater. In: Weimarer Beiträge, Heft 2, S. 223–239.

Schramm, Helmar, 1996: Karneval des Denkens. Theatralität im Spiegel philosophischer Texte des 16. und 17. Jahrhunderts. Berlin.

Schulte-Sasse, J., 1988: Von der schriftlichen zur elektronischen Kultur: Über neuere Wechselbeziehungen zwischen Mediengeschichte und Kulturgeschichte, in: Gumbrecht, H. U./Pfeiffer, K. L. (Hg.): Materialität der Kommunikation. Frankfurt/Main.

Schürmann, Frank, 1992: Öffentlichkeitsarbeit der Bundesregierung. Strukturen, Medien, Auftrag und Grenzen eines informalen Instruments der Staatsleitung. Berlin.

Schulz, Winfried, 1976: Die Konstruktion von Realität in den Nachrichtenmedien. Analyse der aktuellen Berichterstattung. Freiburg/München.

Schulz, Winfried/Schönbach, Klaus (Hg.), 1983: Massenmedien und Wahlen. München.

Schulz, Winfried, 1989: Massenmedien und Realität. Die »ptolemäische« und die »kopernikanische« Auffassung. In: Kaase, M./Schulz, W. (Hg): Massenkommunikation. Theorie, Methoden, Befunde. Opladen, S. 135–149.

Schulz, Winfried (Hg.), 1992a: Medienwirkungen. Einflüsse von Presse, Radio und Fernsehen auf Individuum und Gesellschaft. Weinheim.

Schulz, Winfried, 1992b: Modelle der Wirkungsforschung und ihre Anwendung in der öffentlichen Beeinflussung. Theorie und Emiprie am Beispiel der Volkszählung 1987. In: Avenarius, Horst (Hg.): Ist Puplic Relations eine Wissenschaft? Eine Einführung. Opladen, S. 281–310.

Schulz, Winfried, 1993: Politik und Fernsehen. Eine Zeitreihenanalyse des politischen Interesses: In: Bonfadelli, Heinz/Meier, Werner A. (Hg.): Krieg, Aids, Katastrophen ... Gegenwartsprobleme als Herausforderung der Publizistikwissenschaft. Konstanz, S. 239–263.

Schulz, Winfried, 1994: Medienwirklichkeit und Medienwirkung. Aktuelle Entwicklungen der Massenkommunikation und ihre Folgen. In: Hoffmann, Hilmar (Hg.): Gestern begann die Zukunft. Entwicklung und gesellschaftliche Bedeutung der Medienvielfalt. Darmstadt, S. 122–144.

Schulze, Gerhard, 1992: Die Erlebnisgesellschaft. Kultursoziologie der Gegenwart. Frankfurt, New York 1992.

Schwanitz, Dietrich, 1990: Systemtheorie und Literatur. Ein neues Paradigma. Opladen.

Schwartzenberg, R.-G., 1980: Politik als Showgeschäft. Moderne Strategien im Kampf um die Macht. Düsseldorf/Wien.

Semetko, Holli A./Schönbach, Klaus, 1994: Germany's »Unity« Election: Voters and the media. Cresskill, NJ.

Sobchak, Vivien, 1988: The Scene of the Screen. Beitrag zu einer Phänomenologie der Gegenwärtigkeit im Film und in den elektronischen Medien. In: Gumbrecht, H.U./Pfeiffer, K.L. (Hg.): Materialität der Kommunikation. Frankfurt/Main, S. 416–429.

Soeffner, Hans-Georg, 1988: Rituale des Antiritualismus – Materialien für Außeralltägliches. In: Gumbrecht, H.U./Pfeiffer, K.L. (Hg.): Materialität der Kommunikation. Frankfurt/Main.

Spangenberg, Peter M., 1988: TV, Hören und Sehen. In: Gumbrecht, H.U./Pfeiffer, K.L. (Hg.): Materialität der Kommunikation. Frankfurt/Main, S. 776–799.

Stegner, Ralf, 1992: Theatralische Politik made in USA. Das Präsidentenamt im Spannungsfeld von moderner Fernsehdemokratie und kommerzialisierter PR-Show. Münster/Hamburg.

Sturm, Hertha, 1987: Das »Wie der Präsentation«. Methoden und Ergebnisse zu Wirkungen der formalen medienspezifischen Angebotsweisen. In: Grewe-Partsch, Marianne/Groebel, Jo (Hg.): Mensch und Medien. Zum Stand der Wissenschaft und Praxis in nationaler und internationaler Perspektive. Zu Ehren von Hertha Sturm. München, S. 33–44.

Swanson, David/Mancini, Paolo (Hg.), 1996: Politics, Media and Modern Democracy. An international Study of Innovations in Electoral Campaigning and their Consequences. Westport, Conn.

Turkle, Sherry, 1998: Leben im Netz. Identität in Zeiten des Internet. Reinbek.

Ueltzhöffer, Jörg, 1995: Veränderung von Wahrnehmungsstrukturen und Wahrnehmungsgewohnheiten in der Mediengesellschaft. Sigma-Institut, Mannheim.

Weinrich, Lotte, 1992: Verbale und Nonverbale Strategien in Fernsehgesprächen. Eine explorative Studie. München.

Weischenberg, Siegfried/Löffelholz, Martin/Scholl, Armin, 1994: Merkmale der Einstellungen von Journalisten. In: Perspektiven, Nr. 4, S. 154–167.

Welsch, Wolfgang, 1991: Ästhetisches Denken. Stuttgart.

Welsch, Wolfgang (Hg.), 1993: Die Aktualität des Ästhetischen. München.

Welsch, Wolfgang, 1993: Ästhetisierungsprozesse. Phänomene, Unterscheidungen, Perspektiven. In: Deutsche Zeitschrift für Philosophie, Berlin, Heft 1, S.1–29.

Wilke, Jürgen (Hg.), 1992 Öffentliche Meinung. Theorie, Methoden, Befunde. Freiburg/München.

Willems, H./Jurga, M. (Hg.), 1998: Inszenierungsgesellschaft. Opladen.

Williams, R., 1975: Television. Technology and Cultural Form. London, New York.

Wittwen, A., 1995: Infotainment. Fernsehnachrichten zwischen Information und Unterhaltung. Bern.

Bildnachweis

Martina Kampmann: S. 8, S. 10-15, S. 31, S. 33, S. 37, S. 39-47, S. 50-52, S. 54-57, S. 59, S. 60, S.
    62-63, S. 65-66, S. 70-73, S. 75, S. 77-79, S. 81, S. 100-103, S. 105-107, S. 132-133
Inter-Topics/Globe: S. 85 drittes von links, S. 87 drittes von links
Landeshauptarchiv Koblenz: S. 96
Mussolini. Un dictateur en cartes postales. Turin 1995: S. 82, 83, 84
Lothar Salz, Spica: S. 69 rechts
Spica: S. 69 links
Franz Josef Strauß, Der Mensch und der Staatsmann. Ein Portrait. Hg. von Walter Schöll. 3. Aufl.,
    Percha am Starnberger See 1988: S. 91, S. 92
Von Mannstein, Solingen: S. 123 viertes von links